Gelassenheit macht reich

Wie Du Dein Leben genussvoll und leicht lebst und den Reichtum in Dein Leben ziehst, den Du Dir immer gewünscht hast.

Heike Wolfangel

Inhaltsverzeichnis

„Reichtum entsteht anders als die meisten Menschen glauben. Die pure Gelassenheit ist der Schlüssel zu wahrem Wohlstand und zu ewigem Lebensglück.“

- Heike Wolfangel –

Über die Autorin

Heike Wolfangel ist eine erfolgreiche Unternehmerin und macht alles anders, als andere.

Geld kommt in der gewünschten Höhe und fast automatisch zu ihr, wenn sie es braucht. Was viele Menschen für Magie halten, ist in ihrer Welt eine absolute Selbstverständlichkeit.

Heike ist eine reiche Frau, auch in finanzieller Hinsicht. Sie genießt das Leben in allen Facetten und weiß, wie wahrer Reichtum tatsächlich entsteht.

Web: www.wolfangel-academy.de

E-Mail: heike@wolfangel-academy.de

Wie ich in wenigen Minuten mein gesamtes Vermögen verlor

Es war Montagmorgen um 07:32 Uhr. Ich saß am Küchentisch und hielt eine wärmende Cappuccinotasse in meinen Händen.

Viele Menschen denken in der Frühe an die To-do-Liste der kommenden Arbeitswoche. Ich hingegen fühlte mich entspannt, gelassen und glücklich. Die Vorfreude, meine Mitarbeiter:innen wiederzusehen, war riesig. Seit Jahren genoss ich es, mit ihnen Großartiges zu vollbringen.

Früher wäre mir nie in den Sinn gekommen, dass ich mal eine erfolgreiche Maschinenbauunternehmerin sein würde. Und dies, obwohl ich keinen Universitätsabschluss habe. Offengestanden weiß ich oft nicht, was meine Ingenieur:innen und Techniker:innen den ganzen Tag tun. Dennoch liebe ich es, ihnen und dem gesamten Team mit Leichtigkeit zu vertrauen.

Und so trank ich den letzten Schluck des Milchschaumes aus der Tasse, stellte sie in die Spülmaschine und traf die restlichen Vorkehrungen. Ich zog mir eine Jacke über, nahm meine neue Businesstasche und machte mich auf den Weg.

Im Auto lauschte ich meinem Lieblingsradiosender und rollte wenige Minuten später nichtsahnend auf das Firmengelände. Dort angekommen traute ich meinen Augen kaum.

Das Gebäude war verschwunden.

Es war nur eine geteerte Fläche zu sehen. Ich stieg aus und ging ein paar Meter umher. Gerne hätte ich in diesem Moment verstanden, was passiert war. Wie konnte das sein?

Um mich zu besinnen, fuhr ich erstmal wieder nach Hause. An der Haustür angekommen geschah erneut etwas Seltsames. Dort stand ein Mann mit Schnäuzer. Er trug einen weißen Anzug und eine blaue Krawatte. Ich lächelte ihn an und fragte: „Kann ich Ihnen helfen?“ Mit tiefer Stimme antwortete er: „Frau Wolfangel. Sie können hier nicht mehr rein. Gehen Sie bitte.“ In diesem Moment war mir klar, dass nichts mehr war, wie ich es kannte. Dennoch spürte ich keinerlei Widerstand. Es fühlte sich so an, als würde mir ein spannendes Abenteuer bevorstehen.

Glücklicherweise hatte ich von meinem Wochenendtrip noch einen Koffer mit ein paar Kleidungsstücken im Kofferraum. Also drehte ich mich um und staunte nicht schlecht.

Mein Auto war weg und der Koffer stand mit ausgefahrenem Griff auf dem Gehweg.

Ich wechselte die Straßenseite und machte mir meine Situation bewusst. Die Firma war weg. Ich hatte keine Wohnung und kein Auto mehr. Nur ein kleines Rollköfferchen und eine Businesstasche. Ich war mir aber sicher, dass sich bald alles aufklären würde. Dennoch dachte ich nicht lange darüber nach und erinnerte mich, dass ich noch etwas Bargeld in meinem Portemonnaie hatte. Also warf ich einen Blick hinein. Mir fiel sofort auf, dass die Bankkarten weg waren. Ich entdeckte nur 11,17 Euro in dem kleinen Münzfach. Unglaublich, aber wahr …

An dieser Stelle machen wir mal eine kurze Unterbrechung.

Bevor Du gleich erfährst, wie es weiterging, habe ich ein paar Fragen an Dich, liebe Leserin, lieber Leser. Versetze Dich bitte mal in meine Situation und nimm Dir dafür 3-5 Minuten, damit Du mir folgen kannst.

- Wie hättest Du Dich in dieser Lage gefühlt?
- Was wäre Dir durch den Kopf gegangen?

Stell Dir mal vor, Du hättest alles verloren. Den Job, die Firma, Deine Wohnung und Dein Auto. Und das, in einem Moment, indem Du selbst nicht mal weißt, was genau passiert ist. Es wirkt wie Fantasie, doch gleichzeitig fühlt es sich so real an. Du stehst mit 11,17 Euro am Straßenrand und hast nur ein Rollköfferchen in der Hand.

- Was wären Deine ersten Gedanken und Handlungen?
- Wie hoch wäre Dein Stresslevel gewesen?

Jetzt zu meiner Reaktion …

Die meisten Menschen würden spätestens an dieser Stelle vollkommen durchdrehen. Ich hingegen nahm das Rollköfferchen und spazierte ein paar Straßen weiter in ein Bistro. Dort bestellte ich mir einen leckeren Cappuccino mit Milchschaum und nutzte die Zeit, um zu überlegen, wie meine nächsten Schritte aussehen könnten.
Dafür schloss ich kurz die Augen und spürte in mich hinein. Es wurde ganz still …

Auf einmal nahm ich ein wundervolles Glücksgefühl wahr. Mein Kopf war vollkommen leer, die Arme kribbelten, und ich spürte im Brustbereich eine unvorstellbar große Weite. Plötzlich sprühte es laut aus mir heraus: „Ich fühle mich frei“. Die Leute an den Nachbartischen grinsten. Doch ich ließ mich nicht beirren. Es war eine ganz neue Form von Freiheit, obwohl ich mich schon immer absolut frei fühlte. Das Leben gab mir die Möglichkeit neu anzufangen und auf ein nicht planbares Abenteuer zu gehen. „Fantastisch“, dachte ich.

Und so trank ich den letzten Schluck Cappuccino, bezahlte und machte mich auf den Weg in mein neues Leben.

Innerhalb der nächsten drei Stunden überschlugen sich die Ereignisse. Ich ging in ein benachbartes Hotel. Dort fragte ich nach einem Job und einer Unterkunftsmöglichkeit. Schließlich hatte ich weder Geld noch ein Dach über dem Kopf. Dem verständnisvollen Chef erklärte ich meine Situation und konnte bereits am gleichen Tag einziehen. Selbstverständlich musste ich dafür bei ihm arbeiten. Doch der Gedanke verzauberte mich.

Am nächsten Morgen stand ich schon um 05:30 Uhr im Hotelrestaurant und bereitete das Frühstück für die Gäste vor. Frische Brötchen, Wurst, Käse, Marmelade und duftender Kaffee. Ich liebte es und war unendlich dankbar. Was mit meiner Firma, der Wohnung und dem Auto geschah, wusste ich noch immer nicht. Ich genoss dieses Abenteuer und spürte, dass alles gut werden würde.

Tja! Wie ging es weiter?

Sicherlich möchtest Du wissen, welche Schritte ich als Nächstes unternahm und ob es sich um eine wahre Geschichte oder verrückte Fantasie handelt. Das kann ich gut verstehen. Schließlich erlebt man sowas nicht jeden Tag. Im Verlauf dieses Buches wirst Du erfahren, warum ich trotz dieser Krise so unglaublich glücklich war und welche Wunder mir noch begegneten. Lies also unbedingt aufmerksam weiter und bleibe gespannt.

In diesem Buch geht es aber nicht nur um meine kuriose Geschichte. Vor allem soll es um Dich gehen. Und dafür habe ich einiges vorbereitet. Du wirst erfahren, dass Reichtum vollkommen anders entsteht, als Du es bisher gedacht hast. Ich führe Dich dabei durch meine Welt der bedingungslosen Gelassenheit und zeige Dir, wie sie Dich in jeder Situation Deines Lebens reich machen wird. Ganz gleich, welche Herausforderungen Du aktuell zu meistern hast. Versprochen!

Du erfährst, wie (wirklich) reiche Menschen denken, fühlen und handeln. Außerdem erhältst Du im zweiten Teil des Buches mein 10-Schritte System, mit dem es auch Dir gelingen wird, die geheimen Gesetzmäßigkeiten umzusetzen, die ich seit vielen Jahren lebe. Du wirst feststellen, dass das größte Kapital in der Ruhe liegt.

Da viele Menschen nicht glauben können, wie ich aus jeder noch so schwierigen Situation ein wertvolles Geschenk zaubere, habe ich im dritten Teil des Buches etwas Wundervolles für Dich. Du erhältst meine goldene Schatzkiste für maximale Gelassenheit und Wohlstand. Dort nehme ich Dich mit auf eine Reise durch viele fantastische Übungen und Methoden. Sie werden Dir helfen, Dein Leben in die Richtung zu drehen, die Dich glücklicher und noch wohlhabender machen wird. Du lernst, wie Du auf Knopfdruck Gelassenheit entwickelst, Deine Intuition richtig einsetzt, nicht alles kontrollieren musst und vieles mehr. Du wirst so entspannt sein, dass der Reichtum, den Du Dir wünschst, schon bald spürbar näher sein wird.

Bleibe gespannt, denn dieses Buch ist anders als andere, die Du bisher gelesen hast.

In großer Freude, meine Welt mit Dir zu teilen

Heike Wolfangel

Mein Geschenk an Dich

Bevor Du beginnst dieses Buch weiter zu lesen, habe ich ein Geschenk für Dich. Damit Du den größtmöglichen Nutzen aus dem folgenden Prozess ziehst, solltest Du Dir unbedingt das Workbook sowie das Audioprogramm herunterladen.

Du wirst beides im weiteren Verlauf benötigen. Unter folgendem Link erhältst Du die Produkte kostenfrei.

https://www.wolfangel-academy.de/buch-reichtum-download

Teil 1 – Das Geheimnis des grenzenlosen Reichtums

Nun begrüße ich Dich zum ersten Teil auf Deiner Reise. In diesem Kapitel geht es um das Geheimnis des grenzenlosen Reichtums. In drei Stufen möchte ich Dir die Botschaften und Erkenntnisse vermitteln, die Dich reicher machen werden, als Du bisher bist.

Zu Beginn habe ich eine wichtige Nachricht für Dich.

Vielleicht kennst Du das auch aus Deiner Vergangenheit. Du liest ein Buch oder bist auf einem Seminar. Du verschlingst die Zeilen oder hörst aufmerksam zu und stellst fest, dass es viel zu tun gibt, um Deine Wünsche, Träume und Ziele zu erreichen. Wenn Du dabei mal tief in Dich hineinspürst, wirst Du möglicherweise erkennen, dass sich folgende Gedanken einstellen:

- Ich muss das tun.
- Wenn ich das nicht so umsetze, werde ich nie erfolgreich.
- Das ist aufwendig.
- Das erfordert eine Struktur, die ich noch nicht habe.
- Ich habe scheinbar bisher viele Dinge falsch gemacht. Werde ich sie jemals richtig machen?
- Ich hoffe, dass ich die notwendige Disziplin aufbringen kann. Bisher habe ich das nicht immer geschafft.

Es gibt unendlich viele Wege. Wenn Du 10 Ratgeber zu einem Thema liest, hast Du schnell eine To-do-Liste von über 50 Punkten und mehr. Viele vermitteln Dir, dass ihre Methode der einzig wahre Weg ist. Dabei kann sich das Gefühl von Überforderung einstellen. Man versucht, Lösungsansätze in sein Leben zu integrieren, die noch mehr Stress verursachen.

Lass bitte mal folgendes Szenario und folgende Botschaft auf Dich wirken:

Du liest gerade ein Buch von einer Person, die Du bewunderst. Du verfolgst sie schon länger in den sozialen Medien und hast den Wunsch, genauso erfolgreich und leicht durch das Leben zu gehen, wie sie. Nun möchtest Du die geheimen Tricks von diesem Menschen lernen und erhältst den ultimativen Masterplan. Dieser sieht folgendermaßen aus:

Wenn Du gelassen noch mehr Reichtum und Wohlstand aufbauen möchtest, musst Du ein Vier-Konten-Modell einrichten, morgens lässig um 5 Uhr aufstehen und einen Liter grünen Tee pro Tag trinken. Zudem solltest Du meditieren und 45 Minuten durch die Natur laufen, jede Nacht 8 Stunden schlafen, „NEIN" sagen können, mindestens 1/3 Deines Einkommens sparen und 10% davon spenden. Des Weiteren musst Du viel Sport machen, auf die Ernährung achten, immer positiv denken, darfst nie neidisch sein und Dich nicht mit Menschen umgeben, die über Probleme sprechen.

Wenn Du das alles nicht tust, wird das leider nichts mit Dir. Dann kannst Du Dich maximal in die Mittelschicht unserer Gesellschaft einreihen und wirst von den vorgegebenen Systemen gesteuert.

Jetzt lege mal Deine linke Hand auf Dein wundervolles Herz. Wie fühlt sich das an? Denkst Du Dir: „YES, ich schaffe es"? Oder kommt an dieser Stelle Frust auf? Genau an diesem Punkt lade ich Dich ein, achtsam zu sein. Denn sobald ein Zweifel oder das Gefühl von „müssen" entsteht, besteht die Gefahr müde und gestresst zu werden. Verstehe mich bitte richtig. Ich möchte diese ganzen Tipps, Ratschläge und Strategien nicht schlecht machen. Alles hat seine Daseinsberechtigung.

Wenn es im Leben mal schwierig wird, geht es nicht nur darum, zu wissen, welche Probleme es gerade zu bewältigen gibt. Es ist zunächst erstmal ausreichend zu spüren, dass eine Herausforderung vorhanden ist. Und dann baust Du ein Gefühl dazu auf, welches Dir die Sicherheit schenkt, diesen Weg zu meistern. Dabei solltest Du nicht nur daran denken, glauben oder den Eindruck haben, dass Du es Dir zutraust. Du brauchst das Gefühl von: „Ich weiß, dass ich es schaffen werde. Ich weiß, dass ich Reichtum aufbauen werde. Ich weiß, dass ich durch Gelassenheit meinen Wohlstand vervielfachen kann." Mit diesem Gefühl der Überzeugung öffnest Du Dir sämtliche Türen und Tore, anstatt sie zu verschließen oder es Dir unnötig schwer zu machen.

Schon in der Bibel steht: „Dem der hat, dem wird gegeben." Und vielleicht hast Du viele Dinge noch nicht physisch. Aber wenn Du das Wissen und die Überzeugung spürst, geht das über alles hinaus, was materiell existiert. Und dann wird es Dir auch gegeben. Wenn Du jedoch das Gefühl hast etwas zu müssen, wird Dein Weg zum Reichtum sehr stressig und zwanghaft sein. Deswegen schaffen es viele nicht. Weil sie die Kraft nicht aufbringen können. Und diejenigen, die es dennoch packen, sind oft nicht imstande, den Wohlstand zu genießen.

Bei allem, was Dir in diesem Buch begegnet, sage ich Dir: Du musst gar nichts. Denn auch, wenn Du kein bisschen davon umsetzt, bist Du ein großartiger Mensch. Das warst Du immer. Viel mehr möchte ich Dich ermutigen, zuerst Deine innere Überzeugung so zu schärfen, dass Du den Reichtum schon erleben kannst, bevor er sich in Deinem Leben zeigt. Und ich wünsche mir, dass Du dieses Buch mit genau dieser Einstellung nutzt. Bringe Dich immer wieder in die Vorstellung, als hättest Du es bereits erreicht. Denn dann wird es leicht und es geschehen viele kleine Wunder.

Dieses Buch soll Dich nicht stressen. Es wird Dich bestärken und den Druck von dem Gedanken lösen: „Ich muss". Du kannst alles haben, sein oder tun. Dafür brauchst Du nur das Gefühl von „ich muss" loslassen. Klingt das nicht einfach?

Vielleicht hast Du auch schon mal gehört, dass man mutig und risikobereit sein soll. Weißt Du eigentlich, was Mut tatsächlich bedeutet? Es ist das, was Dir, bevor Du es tust, Angst macht. Wenn Du Dich jedoch fürchtest, wird Dir auch noch mehr Furcht gegeben. Sie führt Dich zum Kampf, zur Flucht und zum Erstarren. Da brauchst Du nicht durchgehen. Du musst nichts tun, wovor Du Angst hast. Ich möchte Dich für die andere Seite der Medaille sensibilisieren. Tue das, was Dir Freude macht. Verwandle Deine Angst zunächst in pure Lebenslust, bevor Du etwas angehst. Ansonsten lässt Du es sein. Entwickle eine Abenteuerlust, die eine innere Stimme in Dir hervorruft und sagt: „Ich bin voller Freude, wie das jetzt weitergeht." Disziplin und Durchhaltevermögen können sich nach „ich will“ anfühlen. Strukturen, Strategien und Abläufe dürfen Spaß machen. Sobald Dir etwas nicht gefällt, wirf es über Bord und lass es los.

Immer, wenn Du beim Lesen dieses Buches das Gefühl von „müssen“ bekommst, beginne zu schmunzeln und erinnere Dich an meine Worte. Sobald Du das beherzigst, hast Du die Ruhe, Gelassenheit und Power, die Dich vielleicht doch morgens um 5 Uhr aus dem Bett holt und Dir die Kraft gibt, alles zu meistern. Wenn Du es willst, lässt diese Energie Dich Dein Ding machen. Sie motiviert Dich in die Natur zu gehen, hilft Dir, an der richtigen Stelle „Nein“ zu sagen, viel Sport zu treiben und ein unvorstellbares Vermögen aufzubauen.

Ich weiß, dass Du es kannst. Weißt Du es auch?

1. Reichtum entsteht anders, als Du denkst

Vielleicht hast Du schon mal mit jemandem über Reichtum gesprochen. Wenn Du an diese Dialoge zurückdenkst, hast Du möglicherweise auch die Erfahrung gemacht, dass es dabei oft um das Thema Geld geht. Man spricht über finanzielle Mittel, Vermögen, materielle Gegenstände und schöne Urlaubsreisen. Genau aus diesem Grund sollten wir jetzt erstmal definieren, was Reichtum tatsächlich ist.

Als ich klein war, haben mir meine Eltern ein ganz bestimmtes Bild vom Leben vermittelt. Ich fand das großartig. Daher wollte ich früh heiraten, zwei Kinder bekommen, Mutter sein, ein Eigenheim bauen, kochen, backen und den Garten umgraben. Das war mein größter Traum. Ich stellte mir einen erfolgreichen Mann vor, an dessen Seite ich stehen konnte, um ihm den Rücken zu stärken. Mit 12 Jahren lernte ich dann einen Jungen kennen, mit dem ich im Alter von 18 Jahren zusammengekommen bin. Er wurde Polizist und ich Bankerin. Wir waren füreinander bestimmt.

Ein absolut solides und braves Leben stellte sich ein. Genau, wie ich es mir wünschte.

Einige Jahre später machten wir in der Türkei einen wundervollen Urlaub. Währenddessen plagten mich fürchterliche Rückenschmerzen.

Als wir zurück nach Deutschland kamen, ging ich von Arzt zu Arzt. Ich konnte kaum noch laufen, hatte unerwartet überall Schmerzen und erhielt schließlich die Diagnose Rheuma. Das wurde so intensiv, dass ich nicht mehr wusste, wie ich meinen Körper in Bewegung bringen konnte. Es gab keine andere Möglichkeit, als in eine Rheumaklinik zu gehen. Das tat ich auch. Nach vier Wochen fühlte ich mich körperlich deutlich besser.

Doch es gab eine gravierende Veränderung.

Es war wie eine Gehirnwäsche. Ich kam zurück zu meinem geliebten Polizisten und kein bisschen funktionierte mehr. Wir schwiegen uns an und das Leben, wovon ich immer träumte, zerfiel in tausend Einzelteile. Es ließ sich nicht wieder zusammensetzen und wir trennten uns. Das hat mich extrem geprägt und ich verstand, dass nichts im Leben mir mehr Halt gibt als ich mir selbst.

In den Folgejahren erkannte ich, dass es bestimmte Empfindungen waren, die mir diese entzündeten Gelenke verschafften. Es waren die Gefühle von Mangel, nichts wert zu sein und die daraus folgende innere Leere. Ich fühlte mich oft alleine und zweifelte an meinen Fähigkeiten. Teilweise entstand das durch wirtschaftliche Engpässe.

Was viele Menschen nicht wissen ist, dass die eigene finanzielle Situation sehr stark vom gesundheitlichen Zustand abhängig ist. Wenn die Gesundheit nicht mehr funktioniert, dann ist mit einem Schlag alles anders.

Und dazu habe ich direkt mal ein paar Fragen an Dich:

- Bist Du bereit, Deine Lebensweise für Deine Gesundheit zu verändern?
- Bist Du bereit, Dich zeitlich für Deine Gesundheit zu verpflichten und die Signale Deines Körpers ernst zu nehmen?
- Bist Du bereit, Geld in die Hand zu nehmen, um Deine Gesundheit zu fördern und Deine Lebensqualität zu steigern?
- Wie definierst Du Reichtum, wenn Du unendlich viel Geld hast, aber todkrank bist oder Dich nicht mehr bewegen kannst?

Reichtum beginnt bei der Gesundheit.

Für mich wandelte sich schließlich alles. Mir wurde klar, dass ich die Dinge, auf die ich keinen Einfluss habe, akzeptieren muss. Als ich das begriff, erfuhr ich Heilung. Obwohl mein Traum von einem soliden und braven Leben zerbrach, kümmerte ich mich ab sofort um alles, was ich beeinflussen konnte. Das Thema Beziehung rückte auf die Seite und ich begann meine berufliche Karriere.

Durch die intensive Arbeit mit mir selbst lernte ich, dass Reichtum spürbar ist, sobald man vollkommen bei sich ist. Wenn Du spürst, worauf Du Lust hast und was Dir Freude bereitet, bist Du in einer reichen Frequenz. Und daraus kann wahrer finanzieller Erfolg entstehen. Die meisten Menschen denken, dass sie erstmal Geld brauchen, um sich reich fühlen zu können. Es funktioniert aber genau andersrum.

Wenn Du in der Lage bist Dich reich zu fühlen, kommt alles andere automatisch in Dein Leben. Dann kannst Du nebenbei und spielendleicht ein Vermögen aufbauen.

1.1 Der geheime Nährboden des Reichtums

Hast Du schon mal versucht, schöne saftige Tomaten auf einem Felsbrocken zu züchten? Sicherlich nicht, oder? Das macht auch keinen Sinn. Dort würde nichts wachsen. Die Pflanze wäre haltlos, es gäbe keine geeigneten Nährstoffe und die Wurzeln würden verkümmern.

Viele Menschen versuchen, ihren Reichtum auf einem ungeeigneten Boden aufzubauen und wundern sich, dass es nicht funktioniert. Alles, was wächst, braucht einen passenden Untergrund. Diesen Nährboden nenne ich Liebe. Für mich ist das genau der Zustand, in dem ein Mensch in seiner höchsten und kraftvollsten Energie ist.

An dieser Stelle möchte ich sichergehen, dass wir das gleiche Verständnis von Liebe haben. Die Liebe, von der ich spreche, lässt frei. Sie gibt und verlangt nichts. Sie löst Ruhe, Frieden und Lebensfreude aus. Du erhältst die Fähigkeit, dass Du vertrauen und loslassen darfst. Du kannst die Kontrolle abgeben und Dich dem Fluss des Lebens voll und ganz hingeben, ohne einen Gedanken an morgen zu verschenken. Diese Form von Liebe ist der Nährboden für Reichtum. In diesem Moment denkst Du nicht an Geld oder Luxusgüter. Das Gefühl, von dem ich hier spreche, findest Du nur in Dir. Wenn Du diesen Zustand entdeckt hast, bekommst Du automatisch die Gewissheit, dass Liebe alles ist, was im Leben zählt. Wenn Du in der Lage bist, diese höchste Form von Energie in Dir zu erzeugen und zu leben, bist Du auch dazu fähig, Dir all Deine Wünsche zu verwirklichen. Und selbst, wenn Du diesen Zustand noch nie oder nur selten erleben konntest, werde ich Dich langsam genau dorthin führen.

Gehen wir einen Schritt weiter …

Viele Menschen sprechen von Selbstliebe. Hast Du eine Vorstellung davon, was das tatsächlich ist?

Selbstliebe fördert das „Frei-Lassen" und „Sein-Lassen" in Bezug auf die Mitmenschen. Sobald Du Dich selbst so annimmst und akzeptierst, wie Du bist, wirst Du es in Deinem Umfeld viel leichter haben, andere Menschen genauso zu respektieren. Die Wurzel des Reichtums entsteht genau hier. Es ist die Verbindung von Dir und Deinem unmittelbaren Umfeld. Wenn Du in Dir harmonisch gestimmt bist, überträgt sich das automatisch auf andere. Die Kunst des inneren Reichtums besteht darin, die Menschen so sein zu lassen wie sie sind, ohne sie zu bewerten oder zu verurteilen.

Wir sind fantastische Wesen und bestehen zu einem großen Teil aus Wasser. Und Wasser wiederum ist Energie, die auf jede Art von Schwingung reagiert. Sowohl friedvoller als auch (selbst)zerstörerischer Art. Das bedeutet, dass Du sehr empfänglich für die Gefühle Deines Umfelds und Deiner Umwelt bist. Im Umkehrschluss ist aber auch Dein Umfeld für Deine Gefühlswelt empfänglich. Wenn Du innere Unruhe empfindest, wirst du diese an jedem Punkt, den Du in der Welt wahrnimmst, sehen und erkennen. Es ist manchmal ein langer Prozess, um zu verstehen, dass diese Unruhe nicht von außen kommt, sondern eine Spiegelung des Innenlebens ist. Mache Dir bewusst: Alles, was Du bist, wird Dir in vielfacher Form im Leben wieder begegnen.

Lass uns tiefer gehen …

Dein Körper ist ein Instrument, um Deine Wünsche, Träume und Ziele zu realisieren. Der Zustand von Selbstliebe symbolisiert die Absicht, dass Du bereit bist, Liebe vom Leben zu empfangen. Werde Dir Deines funktionsfähigen und gesunden Körpers bewusst. Verstehe ihn als Reichtum und beginne ihn zu hüten und zu pflegen, wie einen Schatz. Er wird sich bei Dir bedanken und Dir die Energie schenken, die Du brauchst, um bestehen zu können, wenn das Leben Dich testet.

Verstehe mich bitte richtig. Diese Wertschätzung geht weit über Dein optisches Erscheinungsbild hinaus. Du sollst keine Maske aufsetzen, um für andere schön zu sein. Sich selbst zu lieben beginnt dabei, die Nährstoffe zu sich zu nehmen, die man wirklich braucht und Pausen einzulegen, um sich zu regenerieren. Wenn Du Grenzen setzt, sobald Du Widerstand empfindest, signalisierst Du einen respekt- und liebevollen Umgang mit Dir selbst. Genauso gehört es dazu, Situationen und Menschen aus Deinem Leben zu entfernen, bei denen Du spürst, dass sie Dir schaden.

Wenn Du all das über den Nährboden des Reichtums gelesen und verstanden hast, erinnere Dich wieder an meine Worte aus der Einleitung dieses ersten Teils: „Du musst gar nichts." Komme bitte nicht auf die Idee, Dir eine Checkliste zu erstellen und Dich mit eiserner Disziplin in die Selbstliebe bringen zu wollen.

Gehe mit Gelassenheit in diesen fantastischen Zustand und ziehe dadurch den Reichtum in Dein Leben, den Du Dir wünschst.

1.2 Die nackte Wahrheit über Geld

Jetzt widmen wir uns dem Thema, wofür die meisten Menschen morgens aufstehen. Das liebe Geld.

„Wenn es nicht um Geld geht, beschäftigt man sich doch immer wieder damit."

Wusstest Du, dass sämtliche Lebewesen auf diesem Planeten sterben würden, wenn sie nur wenige Minuten keinen frischen Sauerstoff bekämen? Eigentlich müssten wir 24 Stunden am Tag in purer Todesangst verbringen. Das tun wir aber in der Regel nicht. Niemand bunkert Sauerstoff unter dem Bett, im Keller oder im Tresor. Wir nehmen es als selbstverständlich hin, dass immer genug für alle vorhanden ist. In diesem Bereich leben wir in absoluter Fülle und Gelassenheit. Du kannst langsam, schnell, tief oder flach atmen. Es gibt keinen Mangel. Wir machen uns erst dann Gedanken, wenn wir uns mal an einem Pfannkuchen verschlucken oder den Cappuccino versehentlich in die Luftröhre schütten.

Ist das nicht eine fantastische Eigenschaft? Wie wäre es, wenn Du genauso denken, fühlen und handeln würdest, sobald es um Geld geht? Ich tue genau das. Geld ist für mich eine Selbstverständlichkeit, wie die Luft zum Atmen. Erst, wenn ich mich mal finanziell verschlucke, beschäftige ich mich damit. Dabei atme ich weiter, auch wenn ich zuvor alles verloren hätte.

In meinem engeren Umfeld sagt man mir, dass ich ein abstraktes Verhältnis zu Geld habe. Und genau das ist der Grund, warum ich mich reich fühle und mir nur selten Gedanken um das Finanzielle mache. Wenn ich zum Beispiel Geld brauche, um in meine Firma zu investieren, eine Immobilie zu kaufen oder jemanden zu beschenken, kommt es in gewünschter Höhe fast automatisch zu mir. Viele Menschen denken jetzt an Magie. Nenne es, wie Du möchtest, aber sieh es als Selbstverständlichkeit an.

Wenn ich samstags nach Stuttgart, München oder Mailand fahre, um zu shoppen, bekomme ich stets die besten Parkplätze. Während andere stundenlang im Kreis fahren und sich ärgern, habe ich die felsenfeste Überzeugung, dass sich der perfekte Platz zeigen wird. Manchmal ist er schon frei und oft fährt jemand raus, wenn ich mit meinem Auto angerollt komme.

Das erlebe ich immer und überall, in sämtlichen Lebenslagen, seitdem ich diese Selbstverständlichkeit vollkommen auslebe. Es gibt bei mir kein „vielleicht“, „hoffentlich“ oder „mal sehen“. Weder beim Geld noch bei anderen Dingen.

Manche Menschen denken möglicherweise, dass bei mir einige Systeme im Kopf nicht ganz dicht sind. Und ich gebe jedem Recht, der das so sieht. Wenn es dicht wäre, kämen diese wundervollen Inspirationen und Informationen nicht zu mir herein. Und deshalb empfehle ich Dir ebenfalls von ganzem Herzen, Dich auch etwas mehr zu öffnen. Denn es ist so simpel.

Lass uns jetzt mal logisch über Geld philosophieren …

Wenn Menschen ihr ganzes Leben lang dem Geld hinterherjagen, es bunkern oder in Sicherheit bringen müssen, senden sie dadurch ein Signal. Sie geben damit die Frequenz in das Universum, dass es schwer ist, Geld zu empfangen, und es unsicher ist, wenn man es behalten will. Das wäre mir viel zu aufwendig.

Geld hat für mich einen extremen Spaßfaktor. Es macht mir eine riesige Freude shoppen zu gehen, mir etwas zu gönnen und meine Finanzen zu vermehren. Ich spüre nie den Drang, sofort alles ausgeben zu wollen, sondern kann es liegen lassen und mich auf meine Tätigkeiten konzentrieren. Geld ist ein Mittel zum Zweck, um mir mein Umfeld zu verschönern, mehr Möglichkeiten zu haben und das Leben in seiner schönsten Form auskosten zu können. Mein Glücksempfinden ist auch nicht von der Höhe des Kontostandes abhängig. Und das empfehle ich Dir auch. Entkopple Deinen emotionalen Zustand von Deinen Finanzen. Dadurch kannst Du mit mehreren Millionen Euro, aber auch mit etwas weniger bis nichts, glücklich sein. Dann geht es nur noch um Spaß. Ebenso bekommst Du keine schlaflosen Nächte, wenn ein Geschäftsmonat mal schlechter läuft. Fokussiere Dich nicht auf die

Summe der Zahlen, sondern auf die Summe der Möglichkeiten, die dadurch entstehen.

Daher empfehle ich Dir …

Suche nicht nach weiteren Aufträgen, um Dein Einkommen zu erhöhen, sondern finde Chancen und Möglichkeiten, die Dir das Höchstmaß an Lebensfreude und Spaß ermöglichen. Mit dieser Haltung bringst Du Dein Momentum in Schwung.

1.3 Du trägst den Reichtum bereits in Dir

Du weißt bereits, dass die Liebe der Nährboden für Reichtum ist. Und diese trägst Du immer in Dir. Viele glauben, dass sie einen anderen Menschen brauchen, um Liebe zu erfahren. Das ist jedoch falsch. Selbst, wenn Du Deinen Traumprinzen oder Deine Traumprinzessin gefunden hast, entsteht die Liebe in Dir. Ein anderer Mensch kann nur das in Dir auslösen, was vorhanden ist. Sobald Du verliebt bist, erinnerst Du Dich nur wieder an ein Gefühl, welches schon immer da war. Verstehe mich bitte richtig. Ich bin genauso verzaubert, wenn ich mit meinem Traumprinzen zusammen bin. Doch gebe ich niemandem die Macht, darüber zu entscheiden, wann ich Liebe spüre. Das ist ein großer Unterschied. Selbst, wenn wir uns ein paar Tage, Wochen oder Monate nicht sehen, kann ich das Gefühl von Verbundenheit und Liebe jederzeit wahrnehmen. Ich mache meine Gefühlswelt nicht abhängig von anderen Menschen, sondern vertraue meinen Urinstinkten und meiner Intuition.

Wenn ich mich für etwas entscheide und gleichzeitig auf mein Bauchgefühl höre, passiert Wundervolles. Es ergeben sich immer genau die Möglichkeiten, die zu meiner Entscheidung passen. Wähle ich den Mangel, begegnen mir viele Chancen, diesen ausleben zu können. Nehme ich jedoch die Fülle an, erhalte ich Zeichen und Wunder. Unabhängig davon, für was Du Dich in Deinem Leben entscheidest, Dein ganzes System richtet sich danach aus. Tatsächlich ist das für jemanden wie mich sehr einfach, weil ich schon sehr lange so lebe. Ich verstehe aber auch die andere Seite. Menschen, die es viele Jahre schwer hatten, Schicksalsschläge erlitten und getrieben durch ihr Leben gingen, wissen oft nicht, wie sie den Zugang zu ihrer Intuition finden. Dabei wird Dich dieses Buch unterstützen.

Im Grunde genommen spürst Du tief in Dir, ob etwas oder jemand zu Dir passt. Das kannst Du darin unterscheiden, ob Du einen Widerstand oder Freude wahrnimmst. Für den beruflichen und finanziellen Erfolg ist es wichtig, ein Verständnis für seine Gefühle zu haben, um Situationen auf Basis seiner Intuition einschätzen zu können.

Das Vertrauen in Deine Fähigkeiten ist ausschlaggebend, ob Du den Reichtum in Dir entdeckst und lebst, oder nicht. Wenn Du Dir und Deiner inneren Stimme nicht trauen kannst, gestaltet es sich schwierig, auf einer soliden Basis reicher zu werden, weil Deine Zweifel und Unsicherheiten Dir die Sicht versperren.

Im Laufe meiner Entwicklung habe ich eine für mich wichtige Sache gelernt. Bei bedeutenden finanziellen und beruflichen Entscheidungen vertraue ich lieber auf meine innere Führung, als den Rat bei Außenstehenden zu suchen. Im Geschäftsleben ist es für mich essenziell, Herrin über die eigenen Sinne zu sein und mich nicht durch Meinungen und Ansichten anderer beeinflussen zu lassen. Gerne lerne ich dazu. Dennoch höre ich auf die Impulse meiner Intuition. Es wird immer Menschen geben, die Deine Ideen super finden und Dich dabei unterstützen. Es gibt aber auch solche, die alles andere als begeistert sind und versuchen Dich von ihren Ansichten zu überzeugen. Ob Du grundsätzlich andere Meinungen an Dich heranlässt, liegt an Dir und daran, wie sehr Du Dir und Deinen eigenen Fähigkeiten vertraust.

Das ist auch der Grund, warum ich sage: „Du trägst den Reichtum bereits in Dir."

1.4 Am Anfang war es die Unschuld

Erinnerst Du Dich noch, wie Du als Kind gedacht, gefühlt und gehandelt hast? In den ersten Lebensjahren sind Kinder meistens völlig unbekümmert. Sie lachen, spielen, tanzen und tragen ihr Herz auf der Zunge. Das liegt daran, dass sie keinerlei Schuldbewusstsein empfinden. Sie können keine Verantwortung für ihr Handeln übernehmen und tun sich schwer damit einzuschätzen, was in unserer Gesellschaft „richtig" oder „falsch" ist.

Wenn ein Kleinkind Hunger hat, fragt es nicht, ob das jemanden interessiert. Es schreit oder verschafft sich auf andere Art Gehör. Durch die Erziehung kommt diese feurige Unschuld oftmals abhanden. Man bekommt gesagt, was „gut" und „nicht gut" ist. Man muss stillsitzen, obwohl der Bewegungsdrang im Hintern juckt. Belohnungen gibt es nur, wenn man tut, was andere von einem verlangen. Geliebt wird, wer Regeln befolgt. Wer sich nicht daran hält, wird schuldig gesprochen und ist kein guter Mensch. Wo die Selbstliebe auf einmal hin ist, kannst Du Dir sicherlich jetzt selbst erklären.

Um jedoch wahren Reichtum unbekümmert leben zu können, ist es unvermeidbar sich von der künstlich auferlegten Schuld anderer Menschen zu befreien. Für mich kann es nur ein Leben, frei von Schuld, geben. Schließlich möchte ich selbstbestimmt agieren, ohne jemandem eine Rechenschaft für mein Tun ablegen zu müssen.

Viele Menschen fühlen sich dennoch schuldig, weil sie etwas getan haben, was anderen nicht gefallen hat. Ich finde es wichtig, zu seinen eigenen Bedürfnissen zu stehen und vollkommen bei sich zu sein. Das bedeutet, dass man manchmal in Kauf nehmen muss, sich gegen die Wünsche anderer zu entscheiden. Und das mit voller Liebe zu sich selbst und ohne böse Absicht.

Was meine ich damit?

- Wenn Du Deinen Job kündigst, Dein Chef Dich aber gerne weiter beschäftigen möchte.
- Wenn Du Dich von jemandem trennst, der oder die jedoch gerne weiter mit Dir zusammen sein möchte.
- Wenn Du einen Mitarbeiter kündigst, dieser das jedoch nicht möchte.
- Wenn ein Kind vor Hunger schreit und dem Umfeld die Lautstärke als unangenehm erscheint.

Die Wahrscheinlichkeit, dass jemand diese oder ähnliche Punkte als negativ empfindet, ist sehr hoch. Wenn Du jedoch vollkommen bei Dir bist, kannst Du damit leben, dass andere Deine Entscheidungen als Schaden empfinden. Dabei kommt es immer auf die Absicht und die Frequenz an, mit der man vorgeht. Wenn Du mit der Einstellung herangehst: „Dem wische ich jetzt eins aus", sendest Du negative Schwingungen in das Universum. Tust Du es hingegen aus Liebe und ohne böse Absicht, wird es trotz der Umstände allen Beteiligten helfen, einen Gewinn aus der Situation zu ziehen. Kinder machen das automatisch.

Erlaube Dir, wieder so unschuldig und unbekümmert zu sein, wie ein kleines Kind. Diese Eigenschaft, gepaart mit Deiner Lebenserfahrung, ist mit Sicherheit eine wundervolle Kombination. Mache Dich frei von der Schuld, die andere Menschen Dir einreden oder die Du Dir selbst zuschreibst.

1.5 Das Navigationssystem des Wohlstandes

Stell Dir mal vor, Du planst eine Autofahrt von Berlin nach München. Du packst Deine Tasche, gehst zum Auto, steigst ein und schnallst Dich an. Die meisten Menschen würden in diesem Moment ihr Navigationssystem programmieren und mit vollem Vertrauen den Anweisungen der netten Stimme folgen.

Was viele nicht wissen ist, dass wir Menschen auch ein solches System in uns haben. Wir nutzen es sogar 24 Stunden am Tag. Jede Entscheidung, die wir treffen, ist gleichzusetzen mit der Zieleingabe in das Navi. Wenn Du konstant bei Deinen Entscheidungen bleibst, wirst Du Dein Ziel auch erreichen. Änderst Du auf Deinem Weg jedoch ständig die Route, pendelst Du immer hin und her. Das hat zur Folge, dass Du niemals ankommen wirst.

Mache Dir an dieser Stelle mal bewusst, dass alles, was Dich in Deinem Leben gerade umgibt, das Ergebnis Deiner Entscheidungen ist.

Anita ist 32 Jahre alt und Geschäftsführerin einer Modeboutique. Schon als Kind hat sie sich immer gewünscht, eine große Modekette aufzubauen. Sie ist dabei ihren Traum zu verwirklichen. Seit einiger Zeit ist sie jedoch zunehmend gestresst. Es läuft nicht so, wie sie sich das vorstellt. Rund um die Uhr ist sie in ihrem Geschäft und die Umsätze reichen, um ein angenehmes Leben zu führen. Gerne hätte sie mehr Freizeit, möchte die Welt bereisen und gleichzeitig weitere Filialen eröffnen. Finanziell kann sie es sich aber nicht erlauben und ihre Zeit lässt es nicht zu. Sie empfindet ein zunehmendes Mangelgefühl und wirkt von Tag zu Tag gestresster. Doch warum ändert sich nichts, obwohl sie es sich so sehr wünscht und scheinbar die richtigen Entscheidungen getroffen hat?

Ganz einfach. Das menschliche Navigationssystem funktioniert anders, als die meisten glauben. Anita hat zwar den Wunsch, freier zu sein, die Welt zu bereisen und mehrere Boutiquen zu eröffnen. Doch gibt sie sich durch ihre Gefühle selbst täglich zahlreiche Signale, dass sie lieber im Mangel lebt und gestresst sein möchte. Das innere Navi reagiert nämlich auf ihre Gefühlswelt und empfindet dies als eine Zieleingabe.

Wird Dir jetzt etwas klar?

Wenn Du Stress empfindest, wird Dein inneres System Dich zu mehr Stress führen. Spürst Du Mangel, zeigen sich Möglichkeiten, um noch mehr davon zu erhalten.

Und jetzt habe ich mal eine Frage an Dich. Was passiert, wenn Du konstant und ohne umzukehren, folgende Gefühle spürst?

- Liebe
- Gelassenheit
- Reichtum
- Wohlstand
- Frieden
- Vertrauen
- Glück
- Lebenslust
- Leichtigkeit

Die Frage beantwortet sich fast von selbst. Du erhältst mehr davon. Oft wird jedoch der Fehler gemacht, dass man nicht konstant bei seiner Entscheidung bleibt. Wählst Du für Dich Reichtum und Fülle, empfindest auf Deinem Weg jedoch Mangel und wenig Vertrauen, wirkt das wie eine neue Entscheidung.

Denke jetzt nochmal an die Fahrt von Berlin nach München. Würdest Du auf halber Strecke umkehren und weitere 100 km später erneut die Richtung wechseln? Wahrscheinlich nicht. Dieses Hin und Her würde nur dazu führen, dass Du nicht ankommst. Warum also tun die meisten Menschen das bei anderen Zielen? Das liegt daran, dass sie nicht gelernt haben, wie ihr eigenes System arbeitet.

Je mehr Du Dir und Deinem inneren Navi vertraust, desto öfter wirst Du Deine Wünsche, Träume und Ziele erreichen. Das funktioniert absolut präzise.

Entscheide Dich doch ab heute mal für das pure Vertrauen und beobachte, wo es Dich in den nächsten Tagen und Wochen hinführen wird.

1.6 Wie tiefe Gelassenheit reich macht

Vielleicht hast Du Dir schon zu Beginn dieses Buches die Frage gestellt, wie Gelassenheit Dich reich machen kann. Ich gebe zu, dass es für viele Menschen sehr skurril klingt, auch wenn es für mich normal ist.

Lass uns zum Verständnis zunächst die Bedeutung von Gelassenheit definieren, damit wir von dem gleichen Gefühl sprechen.

Meine Definition:
„Gelassenheit ist ein permanentes Gefühl von Glückseligkeit und Frieden, ganz gleich, was um Dich herum passiert.“

Wenn Du ein Ereignis beobachtest, ohne es zu dramatisieren oder die Fassung zu verlieren und Deine innere Ruhe nicht davon abhängig machst, bist Du gelassen. Dann spürst Du eine Weite in Deinem Brustkorb, nimmst einen gleichmäßigen Herzschlag wahr und hast ein ruhiges Bauchgefühl. Du empfindest eine tiefe Verbundenheit mit Dir und Deiner Umwelt. In Deinem Kopf entstehen keine kreisenden Gedanken. Es wird still.

Erinnere Dich jetzt mal wieder an Dein inneres Navigationssystem. Welchen Befehl sendest Du mit dieser wundervollen Gefühlskombination aus? Richtig! Du pflegst damit Deinen Nährboden und ziehst noch mehr gute Gefühle und Lebendigkeit in Dein Leben. Wahre Gelassenheit macht es möglich, dass Du aus dem Herzen heraus und mit einem klaren Kopf agieren kannst, weil Du in Deiner höchsten Energie, der Liebe, bist. Wie bereits erwähnt, ziehen hochfrequente Energien wie Liebe, jene Ereignisse wie Reichtum magisch an. Das Leben Deiner Träume wirst Du nicht erreichen, wenn Du bettelst und hoffst, sondern wenn Du daran glaubst und Dich mit absoluter Gelassenheit reich fühlst. Und das in jedem Moment.

Dennoch fällt es einigen Menschen schwer, sich gelassen zu fühlen. Manche befinden sich bereits morgens, nach dem Aufstehen, in einem Tal des Jammerns. In so einem Moment empfehle ich immer, in sich hinein zu spüren und sich die folgenden zwei Fragen zu stellen:

- Wie fühlen sich diese Emotionen in mir an?
- Ist das jetzt ein Gefühl von „alles sträubt sich in mir“ oder ist es ein wichtiger Teil meines Weges, den ich trotzdem weitergehen sollte?

Im Laufe Deines Lebens und Deiner beruflichen Karriere wird nicht immer alles glatt und nach Deinen Vorstellungen verlaufen. Es wird Tage geben, da willst Du die Flinte ins Korn werfen und neu anfangen. Allerdings ist dies oft nur ein Test, um herauszufinden, wie stark Dein Durchhaltevermögen ist und wie sehr Du Dein Ziel erreichen willst. Wenn sich alles in Dir sträubt und Du merkst, dass Du Dein Körpergefühl und Deine Lebensfreude verlierst, solltest Du einen Gang zurückschalten und Dich fragen, ob das, was Du tust, förderlich ist und Sinn macht. So kannst Du lernen, zwischen den alltäglichen Bewertungen und Deinem inneren Wegweiser zu unterscheiden.

1.7 Wie Gefühle Dein Bankkonto beeinflussen

Hättest Du gedacht, dass es in diesem Buch sehr intensiv um die Themen Gefühle, Emotionen und Intuition geht? Aus meiner Sicht ist das sehr wichtig. Denn sie beeinflussen sogar Dein Bankkonto.

Dazu habe ich wieder ein paar Fragen:

Wie fühlst Du Dich, wenn Dein Kontostand Dir nicht einmal ansatzweise das zeigt, was du sehen möchtest? Denkst Du, Du wärst weniger „gut"? Weniger wert? Oder kannst Du Dein Leben dennoch genießen?

Wenn Du den wahren Reichtum entdecken möchtest, achte darauf, dass Du nicht reich werden willst, um etwas zu kompensieren oder gesellschaftlichen Status zu erreichen. Dein Wohlbefinden und Deine Lebensfreude sollten an erster Stelle stehen, wenn es darum geht, finanzielle Ziele in die Tat umzusetzen. Denn Geld ist lediglich eine Begleiterscheinung von innerem Reichtum.

Um dies gelassen zu erreichen, ist es wichtig, zu lernen sein Glücksempfinden nicht von den Schwankungen seines Kontostandes abhängig zu machen. Dasselbe gilt für Partnerschaften, Meinungen anderer Menschen und alltägliche Ereignisse, die Dir manchmal Deinen letzten Nerv rauben. Um wahren Reichtum erleben zu können, musst Du zuerst das Glück in Dir und Deinem Herzen finden. In einer kapitalistischen Gesellschaft kannst Du viel Gewinnen, aber auch alles verlieren. Es kann so weit kommen, dass Du mit einem Rollkoffer an der Straße stehst und überlegen musst, wie es weitergehen kann. Vielleicht erinnerst Du Dich an die Einstiegsgeschichte in diesem Buch. Aber eine Sache kann Dir keiner nehmen: Deine innere Einstellung Dir selbst gegenüber. Menschen, die sich lieben und respektieren, geben sich nicht für ihre Lebensumstände auf. Sie gehen mit geöffnetem Herzen weiter und sind dazu in der Lage, aus einer Niederlage ein neues Wunder zu schaffen.

Doch wie beeinflussen Gefühle Deinen Kontostand?

Stell Dir mal vor, Du wachst morgens auf und spürst ein beklemmendes Körpergefühl. Dir fehlt die Motivation für den Tag. Du wartest darauf, dass die Zeit vergeht, da Dir die meisten Dinge keine Freude bereiten.

Mit einer derart niedrigen Lebensenergie ist es kaum möglich, schöpferisch tätig zu sein. Menschen in diesem Zustand haben Schwierigkeiten damit, sich für eine Sache zu interessieren und folglich Begeisterung und Enthusiasmus zu entwickeln. Und genau diese Gefühle sind entscheidend dafür, Reichtum und Geld in Dein Leben zu ziehen. Erst wenn Du Dich für eine Sache so richtig begeistern und ebenso verpflichten kannst, beginnst Du Deine höchste Form von Energie zu entwickeln. Unter diesen Umständen macht es Dir Freude, Deine Fähigkeiten zu erweitern und immer besser zu werden. Wichtig ist es, sich mit der Palette an hochfrequenten und positiven Gefühlen vertraut zu machen. Was Du dann letzten Endes tust, liegt an Dir und Deinen Neigungen. Solange es Dich erfüllt und Dein Herz aufblühen lässt, kann es nur richtig sein.

Gleiches zieht immer Gleiches an. Reichtum ist eine hochfrequente Energie, die folglich nur von anderen hochfrequenten Energiequellen angezogen werden kann. Spür doch mal in Dich hinein und erforsche, wie sich Reichtum und Vermögen in Dir anfühlen. Wenn Du genau diese Energie in Dir beständig spüren kannst, ist es nur eine Frage der Zeit, bis sich die Möglichkeiten in der materiellen Welt für Dich ergeben, die Dein Bankkonto füllen. Der Körper folgt stets dem Geist. Sobald Du förderliche geistige Signale aussendest, bringt Dich Dein Körper dahin, wo Du hinwillst.

Bitte verstehe mich an dieser Stelle richtig. Es geht nicht darum, dass Du Dir etwas wünschst und das Universum überweist Dir ein paar Millionen auf Dein Konto. Durch Deine Gedanken und Gefühle werden erstmal die Möglichkeiten sichtbar. Sie anzunehmen und umzusetzen ist dennoch Deine Aufgabe.

In der Wirtschaftskrise vor einigen Jahren hatte ich auch in meiner Firma einen Liquiditätsengpass. Dennoch bin ich ruhig und mit klarem Verstand an die Sache herangegangen und habe mein inneres Reichtumsgefühl nicht verloren. Dadurch war es mir möglich, die Unterstützung ausfindig zu machen, die mir und meinem Unternehmen geholfen hat. Dafür bin ich bis heute sehr dankbar.

1.8 Nutze die physikalische Frequenz des Reichtums

Du hast mittlerweile erfahren, wie wichtig es ist, was Du denkst und fühlst. Vielleicht stellt sich Dir aber auch die Frage, ob das so stimmt und ob es dafür wissenschaftliche Erklärungen gibt.

Tatsächlich lässt sich alles auch physikalisch erklären. Und das schauen wir uns jetzt mal genauer an.

Grundsätzlich können wir erstmal festhalten, dass sämtliche Gedanken und Gefühle eine schöpferische Energie in sich tragen. Dabei spielt es keine Rolle, ob sie positiv, negativ, bewusst oder unbewusst sind. Alles entsteht aus ein und demselben Geist. Die Intensität der Schöpferkraft hängt von der emotionalen Besetzung sowie der Häufigkeit der gleichen Gedanken und Gefühle ab. Wenn Du beispielsweise an Dir und Deinen Fähigkeiten zweifelst und deshalb traurig bist, bewegst Du Deine Energie genau in diese Richtung. Schenkst Du dann plötzlich Deine Aufmerksamkeit den Dingen, die Du gut kannst, richtest Du Deine Energie auf einen neuen Weg aus.

Häufig ist es so, dass Menschen in diesem Prozess zu ungeduldig sind. Sie haben die Erwartung, dass sich durch positivere Gedanken sofort alles ändern muss. Wenn Du einer Pflanze drei Wochen kein Wasser gibst und sie kein Licht bekommt, wird sie schwach und lässt die Blätter hängen. Wird sie anschließend wieder gegossen und erhält Sonnenlicht, sieht sie 10 Minuten später immer noch nicht wieder so gesund und vital aus, wie vorher. Sie benötigt etwas Zeit, um sich zu regenerieren. Bei uns Menschen ist das genauso. Es braucht ein paar Tage, Wochen oder Monate, bis man die Früchte ernten kann.

Wenn Du also Deine Energie vom Negativen abwendest, und Dich auf die wundervollen Dinge konzentrierst, wirst Du die Wunder des Lebens erkennen und entdecken. Vielleicht fällt Dir gerade auf, dass diese Vorgehensweise genau das Gegenteil von dem ist, was die meisten Menschen tun. Das liegt daran, dass ihnen bisher niemand plausibel erklärt hat, wie die universelle Energie wirklich funktioniert.

Selbst große Physiker haben dieses Thema in der Vergangenheit ignoriert, weil Ihnen die wissenschaftlichen Belege fehlten. Doch dafür braucht es keine Versuche oder Studien. Wir müssen nur die Augen offenhalten und mit einem klaren Blick durch die Welt gehen. Alles, was wir dann sehen, ist ein Produkt unseres Verständnisses für diese physikalischen Gesetzmäßigkeiten.

Ähnlich war es bei der Elektrizität. Wir konnten sie auch erst richtig für uns nutzen, als wir sie verstanden haben.

Die Wissenschaft hat die Materie in eine große Anzahl von Molekülen gegliedert. Ein Molekül besteht aus Atomen und diese wiederum aus Teilchen. Solche Teilchen können zum Beispiel Elektronen sein. Daraus bestehen alle festen Gegenstände. Man hat zusätzlich herausgefunden, dass Atome ebenso aus einem leeren Raum bestehen. Somit ist die Leere ein Teil des Ganzen. Das ist genau die

Energie, die den Elektronen die Fähigkeit gibt, sie zu Atomen und Molekülen zusammenzuführen. Man nennt diese Kraft auch Geist.

Der menschliche Körper besteht aus Zellen, in denen Elektronen entstehen. Diese wiederum enthalten einen intelligenten Geist, der dafür sorgt, dass neues Gewebe entsteht, Körpersäfte produziert werden, das Herz schlägt und wir eine eigene Immunabwehr haben. Das Spannende dabei ist, dass es sich bei den Zellen nicht nur um einzelne Organismen handelt, sondern um ein komplettes System, was in sich funktioniert. Wenn einige Zellen negative Energie aussenden, hat dies direkt einen Einfluss auf das ganze System. Deshalb werden wir gestresst, müde, schlapp und krank aber auch gelassen, wach, vital und wieder gesund. Genauso sind wir Menschen keine einzelnen und unabhängigen Individuen, sondern ein Teil von etwas Großem und Ganzen. Nämlich dem Universum. Und darin ist ebenso alles miteinander verbunden. Wenn wir ein Gefühl von Reichtum aussenden, steuern wir die Energiefelder im Universum an, die über die gleiche Frequenz verfügen. Und genau deshalb zeigen sich uns neue Chancen und Möglichkeiten.

Die äußeren Umstände in unserem Leben haben ihren Ursprung im Geist. Ändern wir unsere innere Haltung klar und beständig, verändern sich unsere Gedanken, Gefühle und Umstände.

Nutze doch gerne mal die Möglichkeit, Dich einen Tag lang nur auf das Gefühl der Harmonie zu fokussieren. Finde dieses in Dir, projiziere es auf alles, was Dir an diesem Tag begegnet. Dadurch, dass Du in eine harmonische

Frequenz gehst, verbindest Du Dich mit allem im Universum, was die gleiche Schwingung hat und bringst es in die Sichtbarkeit. Sollte Dir das gefallen, machst Du einfach für den Rest Deines Lebens genauso weiter.

1.9 Spüre die Wahrheit, bevor Du sie kennst

Viele Menschen glauben, dass das, was sie in ihrem Verstand für wahr halten, die Wahrheit ist. Wenn sie etwas sehen, hören oder lesen, was ihnen logisch erscheint, nehmen sie das als Wirklichkeit hin.

Aus meiner Erfahrung heraus entsteht Wahrheit nicht im Verstand. Viel mehr ist sie ein Impuls, den man fühlen kann.

Ich bekomme immer wieder die Frage gestellt, wie man den optimalen Zugang zu seinem Bauchgefühl bekommt. Prinzipiell ist das ganz einfach. Dafür musst Du nur den Impuls wahrnehmen, der kommt, bevor Du anfängst zu denken. Es ist der Moment, in dem Du keine Informationen aus der Vergangenheit abrufst und noch keine Pro- und Contraliste angefertigt hast. Manchmal kommt ein klares „Ja“ oder „Nein“. In anderen Situationen empfängst Du ein wohlwollendes oder beklemmendes Gefühl. Wichtig ist, dass diese Signale nicht aus Deinem Denkprozess entstanden sind, sondern davor.

Informationen aus Deinem Bauchgefühl sind immer sofort da. Daraus entsteht die Wahrheit, die für Dich gültig ist. Durch diese Impulse sparst Du viel Zeit und Energie.

Als Kind habe ich genau das immer getan. Ich tat das, woran ich Spaß hatte. Zudem bemerkte ich, dass andere mich nett und niedlich fanden, wenn ich mich genau so verhielt." Dadurch hatte ich wenig Widerstand im Außen. Ins Strudeln kam ich erst, als ich mir die Frage stellte, ob ich mit dieser Taktik auch ein erfolgreiches Leben führen kann. Heute kann ich mit absoluter Überzeugung sagen:

Mit dieser Taktik kann ich alles machen.

So zu leben hat mir viele Türen und Tore geöffnet. Das bedeutet nicht, dass bei mir immer alles hundertprozentig glatt läuft und ich niemals Krisen zu bewältigen habe. Ganz im Gegenteil. Das Leben hat mich zwischendurch sehr hart rangenommen. Doch habe ich anders darauf reagiert als die meisten Menschen. Viele glauben in einer Krise den Erwartungen anderer gerecht werden zu müssen. Ich hatte starke Rheumasymptome und übernahm Jahre später eine Firma mit einem hohen sechsstelligen Engagement, welches ich persönlich aufbrachte. Was glaubst Du, haben andere zu mir gesagt?

- Heike, Du hast Rheuma. Das ist nicht witzig.
- Du bist jetzt Chefin und musst Deine Mitarbeiter:innen souverän führen.

- Du hast eine hohe Summe Geld in ein Unternehmen investiert, ohne zu wissen, ob Du dem gewachsen bist. Da schläft man nicht mehr ruhig.
- Du wirst es eh nicht schaffen.
- Dafür bist Du nicht gemacht.

Ganz ehrlich …

Ich entscheide, wann mein Leben nicht witzig ist. Solche Gedanken oder Ideen habe ich nicht. Was hat meine Lebenslust mit Rheuma oder einer Wirtschaftskrise zu tun? Nichts! Denn ich habe in jedem Moment die Wahl, wie ich mich fühle. Nur weil etwas schwierig, kompliziert oder herausfordernd ist, muss ich nicht gleich rot anlaufen und meinen Kopf auf die Tischkante fallen lassen. Wenn sich etwas nicht witzig anfühlt, dann mache ich es mir witzig. Wenn ich meinen Freund vermisse, setze ich mich in den Flieger und besuche ihn. Kommt eine Wirtschaftskrise, tue ich alles dafür, um daraus etwas Wundervolles zu zaubern. Ich treffe nie die Entscheidung zu jammern. Wenn Negativität in mir aufsteigt, stelle ich mir einfach die Frage: „Was tue ich jetzt, um wieder Spaß zu haben?“ Und die Antwort kommt, ohne nachzudenken, direkt aus meinem Bauchgefühl.

Wenn Du es nicht gewohnt bist, auf Deinen Bauch zu hören, erfordert es etwas Übung. Das ist wundervoll. Denn in diesem Lernprozess wirst Du viel über Dich selbst erfahren und feststellen, wie schön es ist, immer die richtigen Antworten parat zu haben.

1.10 Das wichtigste Naturgesetz

Wenn Du die Wahrheit in Dir spürst, bevor Dein Verstand sie kennt, hast Du einen riesigen Schatz in Dir entdeckt. Und genau daraus leitet sich für mich auch das wichtigste Naturgesetz ab.

„Was andere glauben, was Du bräuchtest, bringt Dich nicht wirklich weiter. Du weißt als Einzige(r) was für Dich richtig und gültig ist."

Es ist nicht wichtig, dass die Welt Deine Gefühle und Entscheidungen versteht. Es kann auch sein, dass Dein Umfeld nichts davon versteht oder Du selbst es nicht tust. Das ist auch nicht erforderlich. Dieses Gefühl ist da und es genügt, dass Du es spürst. Das ist eine völlig andere Art zu denken. Und vielleicht ist das „Denken mit Herz". Es holt Dich aus Dramen heraus und schenkt Dir den Reichtum, den Du Dir immer gewünscht hast. Zudem nimmst Du auch viele Dinge automatisch anders wahr.

Vor einiger Zeit kam ich morgens auf unser Firmengelände gefahren. Ich stieg aus und entdeckte ein kaputtes Paketband auf dem Boden. Ich hob es auf und nahm es mit rein. Dann fragte ich einen Mitarbeiter, in welchen Müll ich das stecken kann. Er sagte: „Ach, das hat bestimmt ein LKW-Fahrer dahingeworfen." Ich antwortete: „Das hat sicherlich jemand vergessen oder liegen lassen." Mein Mitarbeiter grinste und sprach: „Heike, das bist einfach Du. Ich denke gleich was Schlechtes und Du siehst in allem das Positive. Vielleicht hast Du recht. Das hat bestimmt jemand liegen gelassen."

Ich finde es wunderbar, wenn sich Menschen in ihren unterschiedlichen Denkweisen gegenseitig respektieren und gernhaben. Jeder ist für mich wertvoll und interessant. Deswegen tue ich Dinge, die andere Unternehmerinnen nicht tun.

Ich habe zum Beispiel Lust, die Milch zu holen, Blümchen zu kaufen und meinen Mitarbeitern frisches Obst mitzubringen. Sie sind den ganzen Tag beschäftigt. Daher ist es schön, wenn ich ihnen etwas Gutes tun kann. Das macht mir eine große Freude. Dabei denke ich: Wenn ich das in meiner Firma machen kann, muss es gut laufen. Und das tut es.

Ich fühle mich nicht toll, weil ich Unternehmerin bin, sondern weil ich das tue, was mir Freude bereitet. Und all diese Verhaltensweisen kamen aus meinem Bauchgefühl und nicht aus dem, was andere vielleicht von mir erwartet hätten.

1.11 Die 10 größten Reichtumsblockaden

Wenn Du gelassener und reicher werden möchtest, empfehle ich Dir, diesen Abschnitt nicht zu überspringen. Denn es gibt einige Blockaden, die genau das verhindern. Daher ist es gut, diese Punkte zu kennen, zu durchleuchten und für sich einen geeigneteren Weg zu finden. Im Folgenden geht es kurz und bündig um die 10 größten Reichtumsblockaden.

1. Nicht wissen, was Du hast

Wir leben in einer Gesellschaft, in der viele Dinge völlig normal und selbstverständlich sind. Daher vergessen wir oft, was wir bereits alles haben oder besitzen. Das kann den Blick trüben und man fokussiert sich nur auf das, was man noch erreichen möchte oder nicht hat.

Es ist wichtig, sich immer wieder bewusst zu machen, wie schön das Leben in diesem Moment ist und welche Möglichkeiten vorhanden sind. Wie oft ist Dir wirklich klar, dass Du ein Dach über dem Kopf hast, dass es warm ist, Du Strom hast oder die Waschmaschine Deine Kleidung wäscht? Ist Dir bewusst, welche Fähigkeiten Du besitzt? Ich erfreue mich an solchen Dingen den ganzen Tag. Es muss nicht immer etwas Neues oder Außergewöhnliches sein.

2. Nicht wertschätzen, was Du hast

Sich bewusst zu machen, was man hat, ist die eine Sache. Das wertschätzen zu können, die andere. Wenn Du mal auf eine Weltreise gehst und neue Kulturen kennenlernst, wirst Du etwas feststellen. Die meisten Menschen weltweit sind finanziell gesehen sehr arm. Schau mal nach Südamerika, Afrika oder in viele osteuropäische Länder. Dort gibt es eine hohe wirtschaftliche Armut und eine Menge Kriminalität. Wenn Du in diesen Regionen mal gewesen bist und erlebt hast, wie die Menschen ihren Tag verbringen, wirst Du möglicherweise sehr dankbar dafür sein, was Du alles hast. In Mitteleuropa ist jeder reich. Doch viele tun so, als wären sie die ärmsten Wesen, weil der Nachbar einen neueren Sportwagen hat oder einmal mehr im Jahr in den Urlaub fährt.

Spüre doch mal tief in Dich hinein, welches Signal Du an das Universum sendest, wenn Du Dinge in Deinem Leben oder Umfeld nicht wertschätzt. Wie fühlt sich das für Dich an?

Dieser Verlust an Wertschätzung für uns selbst sowie für unser Hab und Gut macht unglücklich. Eine ganz einfache Regel kann dabei Abhilfe schaffen. Schmeiß alles weg, dessen Wert Du nicht schätzen kannst oder verliebe Dich neu in alles, was Dir zur Verfügung steht. Ich bin mir sicher, dass es Deine Lebensfreude um ein Vielfaches anheben wird. Zudem sendest Du ein wundervolles Signal an das Universum, welches vom Leben wieder zurückgespiegelt wird.

3. Seine Möglichkeiten nicht zu kennen

Ich höre oft Menschen darüber reden, was sie in ihrem Leben alles nicht machen können. Manchmal geht es um Reisen, schönere Wohnorte, eine bessere Schulbildung für ihre Kinder oder Freizeitaktivitäten. Es kommen Sätze wie …

- Ich kann nicht in den Urlaub, wegen unseres Hundes.
- Ich kann keine andere Arbeitsstelle annehmen, weil wir ein Haus gekauft haben.
- Ich kann nicht umziehen, weil ich dann keinen Job mehr habe.
- Ich kann keinen Sport machen, weil ich krank bin.

Diese Liste könnte man unendlich lang fortführen. So zu denken ist nicht sinnvoll. Warum erzählt man sich selbst so etwas? Man könnte auch den ganzen Tag seinen Kopf gegen die Wand hauen. Das fühlt sich genauso an. Viele Menschen möchten sich und der Welt gerne beweisen, wie schwer sie es haben. Sie merken dabei oft nicht, dass sie es sich damit kompliziert machen. Manche sind sogar so resistent, dass sie jede Chance oder Möglichkeit in der Luft zerreißen. Wenn mir jemand die obigen vier Sätze sagt, frage ich mich Folgendes:

- Wie ist es möglich, mit dem Hund einen schönen Urlaub zu gestalten?
- Wie kann ich eine liebevolle Tierpension ausfindig machen, um dem Hund auch einen schönen Urlaub zu gönnen?
- Wie kann ich das Haus vermieten oder verkaufen?

- Wie kann ich einen neuen und besseren Job finden?
- Welche Sportart kann ich machen, die mit meiner Krankheit vereinbar ist?
- Welche Möglichkeiten kann ich finden, um wieder gesund zu werden?

Die resistenten Problemdenker:innen haben auch an dieser Stelle weitere Einwände. Das führt leider dazu, dass sie sich um die Möglichkeiten und Geschenke berauben, die da sind.

Ich möchte Dich an dieser Stelle ermutigen, noch mehr in Chancen zu denken, als Du es bisher schon tust. Aus allem kann man etwas Wundervolles zaubern, wenn man den Gedanken loslässt, dass es nicht geht.

4. Seine Fähigkeiten nicht zu kennen

Häufig erlebe ich es, dass Menschen nicht genau wissen, welche Talente und Fähigkeiten sie wirklich haben. Sie senken den Kopf und behaupten, dass sie nichts gut können. In meiner Welt ist das nicht vorstellbar. Jeder hat Talente und besondere Fähigkeiten. Die Frage ist, ob Du bereit bist, sie zu sehen und anzuerkennen.

Lisa und Maria sind Schwestern. Lisa ist neun Jahre alt und eine hervorragende Schülerin. Sie muss gar nicht viel lernen, um Spitzennoten zu schreiben. Maria ist ein Jahr jünger und kommt in der Schule weniger gut zurecht. Sie träumt viel, quatscht mit den Tischnachbarn und kann sich nur schwer konzentrieren. Ich persönlich finde das großartig. Ihre Eltern machen sich hingegen große Sorgen.

Lisa ist bezaubernd. Ihr fällt schulisch alles leicht. Sie hat damit genau ihr Ding gefunden. Maria ist ein Engel. Ihre Talente liegen woanders. Sie kann wunderbar träumen, tolle Geschichten erfinden, liebt es, andere Menschen zu unterhalten und Regeln zu hinterfragen. Sie trägt heute noch Schuhe mit Klettverschluss, weil sie keine Schleife binden kann. Das muss sie auch nicht. Maria hat ganz andere Interessen und das ist gut so.

Hast du Dir mal die Frage gestellt, was Deine wahren Talente und Fähigkeiten sind? Was machst Du gerne? Wofür kannst Du Dich begeistern? An welchen Stellen im Leben geht Dir das Herz auf? Lege mal alles beiseite, was Dich stört, Dir kompliziert erscheint oder wo Du gefühlt zwei linke Hände hast und beantworte Dir diese Fragen. Ich bin mir sicher, dass in Dir der fantastischste Mensch schlummert, der Du sein kannst.

5. Reichtum nicht definiert zu haben

Weißt Du, wann Du reich bist? Ich fühle mich immer dann reich, wenn ich vollkommen ich selbst bin. Sobald ich spüre, worauf ich Lust habe und was mir Freude bereitet, komme ich in die Frequenz des grenzenlosen Reichtums. Und daraus ist auch der wirtschaftliche Erfolg in meinem Leben entstanden. Ich habe sehr früh verstanden, dass ich kein Geld brauche, um glücklich zu sein, sondern dass die finanziellen Mittel zu mir kommen, wenn ich glücklich bin. Für mich funktioniert das spielendleicht, weil ich das genau so erlebt habe.

Wie sieht es denn bei Dir aus? Hast Du Reichtum für Dich definiert? Weißt Du, wann Du Dich reich fühlst?

Sollte es Dir helfen, kannst Du meine Definition gerne übernehmen. Ich schenke sie Dir. Doch vielleicht steckt in Dir noch etwas anderes. Was für mich stimmig ist, kann sich für Dich unstimmig anfühlen. Folge dafür dem Weg der Freude und der Leichtigkeit. Sobald es schwer und träge wird, könnte das ein Signal für einen Richtungswechsel sein. Oder es ist eine Herausforderung, die zu Deinem Weg und Deinem Entwicklungsprozess dazugehört. Finde es heraus, indem Du auf Dein Bauchgefühl hörst und lernst, Deiner Intuition noch mehr zu vertrauen.

Spüre doch mal ganz tief in Dich hinein und beantworte Dir die Frage: „Was bedeutet Reichtum für mich?"

6. Das Denken anderer zu eigen machen und deren Ideale leben

Stell Dir mal vor Du hast Dir einen wundervollen Urlaub gegönnt. Du warst 14 Tage unterwegs und hast es Dir richtig gutgehen lassen. Du steigst aus dem Flieger aus, setzt Dich in ein Taxi und bist kurze Zeit später wieder zuhause. Es ist Ende des Monats und Dein Bankkonto zeigt Dir, dass Du noch 27 Euro hast. Du denkst Dir nichts weiter dabei und schaust Dir bei YouTube ein Video eines sehr erfolgreichen Unternehmers und Coach an. Es geht um das Thema: „reich werden". Darin erklärt er Dir, dass Dein Bankkonto ein Spiegelbild Deiner Persönlichkeit ist. In diesem Moment erinnerst Du Dich an Deine 27 Euro. Wie fühlst sich das an?

Die meisten hätten ein beklemmendes Gefühl. Sie würden denken, dass sie etwas falsch gemacht haben oder kein erfolgreicher Mensch sind. Die Frage ist jedoch nicht, ob das stimmt, was er sagt, sondern was es mit Dir macht. Sicherlich meint er es gut und teilt genau wie ich seine Sicht der Dinge. Das bedeutet jedoch nicht, dass es auch Deine Wahrheit ist. Genauso hätte er sagen können: „Der Inhalt Deines Kühlschranks, die Reinheit unter Deinem Sofa, die Größe Deines Fernsehers oder Dein Schulabschluss spiegelt Dir Deine Persönlichkeit“. Und mit allem hätte er recht und unrecht zugleich. Ich würde in diesem Moment denken: „Wow, ich habe so viel Vertrauen, Gelassenheit und Reichtum in mir, dass ich mein ganzes Geld für einen Urlaub ausgeben kann und weiß, dass sich mein Bankkonto schon bald wieder füllen wird.“

Das Denken anderer Menschen kann Dir nur weiterhelfen, sofern es für Dich stimmig ist. Daher empfehle ich Dir, auf Deine Impulse zu hören. Wenn Dir mal ein schlauer Spruch oder ein toller Gedanke von jemandem übermittelt wird, spüre in Deinen Bauch hinein, überprüfe ihn und entscheide, ob Du damit etwas anfangen kannst. Wenn nicht, dann beschäftige Dich mit etwas anderem. Bleibe immer bei Deiner eigenen Wahrheit.

Es gibt aber auch Situationen, in denen das nicht so einfach ist. Zum Beispiel, wenn jemand etwas sagt, und Du fühlst Dich davon vollkommen angetriggert. Vielleicht kennst Du das. Du spürst einen Vulkanausbruch aus dem Unterbewusstsein, der Dich sprichwörtlich zerlegt. Das kann entweder passieren, wenn jemand mit seiner Aussage den Nagel auf den Kopf trifft oder Du Dich ungerecht behandelt fühlst. Oft werden dadurch Themen sichtbar, bei denen es sich lohnt, mit etwas Abstand hinzuschauen. Mir hilft es dabei immer, der Versuchung zu widerstehen, darauf zu reagieren. Ich gönne mir stattdessen etwas Ruhe und prüfe, was in mir losgelassen werden möchte oder nach Heilung schreit. Diese Vorgehensweise hilft mir dabei, mich weiterzuentwickeln und am Ende dankbar für diesen Trigger zu sein.

7. Sich unnötig mit anderen vergleichen

Aufgrund der zahlreichen gesellschaftlichen Normen neigen viele Menschen dazu, sich mit anderen zu vergleichen. Gerade durch die Möglichkeiten im Social-Media-Bereich hat sich das nochmals verstärkt. Der Fokus liegt sehr stark darauf, was andere machen, wie sie sich kleiden, aussehen und was sie besitzen. Spannend ist, dass man sich in der Regel mit Menschen vergleicht, die man toll findet oder bewundert. Dabei kann man oft nur schlecht abschneiden.

Eine Kundin von mir hat in Ihrem Unternehmen nur Teilzeitangestellte. Sie verglich sich mit anderen Firmen und fühlte sich damit schlecht. Sie glaubte, gar kein richtiges Unternehmen zu haben, weil ihre Mitarbeiter:innen nur halbe Tage arbeiteten. Sie dachte, dass ihre Marktbegleiter besser sein müssen. Daraufhin haben wir uns die Situation mal gemeinsam angesehen. Sie hatte acht Halbtagsangestellte, während ihre Wettbewerber teilweise nur drei bis fünf Vollzeitkräfte hatten.

Dadurch war es ihr möglich, auf die Kompetenz von deutlich mehr Mitarbeiter:innen zuzugreifen. Eigentlich ist das vollkommen intelligent. Mehr Sichtweisen, mehr Kreativität, mehr Ideen, bei gleicher Arbeitszeit. In einem kurzen Gespräch erkannte sie die eigenen Vorteile. Natürlich wirkt es oberflächlich erstmal toll, wenn man viele Menschen Vollzeit beschäftigen kann. Das bedeutet aber nicht, dass das die beste Lösung ist. Ich kenne auch Agenturen mit wundervollen großen Büros und Geschäftsgebäuden. Auf der anderen Seite gibt es aber auch welche, die arbeiten komplett aus dem Homeoffice und haben ihre Mitarbeiter:innen in ganz Europa verteilt. Sie sparen enorme Kosten und können sich deutlich breitflächiger aufstellen. Jemand, der lokal auf Personal angewiesen ist, ist beschränkter als jemand, für den es nicht wichtig ist, ob seine Angestellten in München, Mailand, Hamburg oder in Paraguay sitzen.

Es ist somit wichtig, herauszufinden, was für einen selbst richtig ist. Man kann vergleichen, um bessere Lösungen zu finden. Mehr aber auch nicht. Wenn das Selbstwertgefühl darunter leidet, ist es definitiv der falsche Weg. Zumal man sich sehr schnell an eine unförderliche Denkweise gewöhnen kann. Irgendwann ist man zu klein, zu groß, zu dick, zu dünn oder nicht intelligent genug. Mit dem falschen Fokus findet man sehr schnell tausend Dinge, die nicht gut sind oder die man nicht kann. Mit dem richtigen Fokus hingegen findet man auch tausend Sachen, die wundervoll und einzigartig sind.

Jedes Idealbild hat auch Seiten an sich, die man nicht haben will. Daher ist es sinnvoller, auf sein Bauchgefühl zu hören, anstatt sich unnötig zu vergleichen.

8. Aufgeben, wenn es mal schwierig wird

Vielleicht hast Du auch schon mal eine Situation erlebt, in der Du Dir etwas fest vorgenommen hast, es aber nicht durchgezogen hast. Möglicherweise waren die Widerstände zu groß und Du hast aufgegeben. In vielen Fällen ist das gar kein Drama. Sobald man spürt, dass es für einen nicht stimmig ist, muss man sich nicht quälen. Manchmal gibt es jedoch Momente, in denen man die Schultern breitmachen und trotz des Widerstandes seinen Weg weitergehen sollte. Ich vergleiche das immer gerne mit einem ungeborenen Baby. Es befindet sich im Bauch der Mutter, ist geschützt, wird versorgt und kann die wundervolle Wärme genießen. Logisch betrachtet gibt es gar keinen Grund, diesen Ort zu verlassen. Doch das Baby wächst weiter und der behütete Ort wird immer enger. Um jedoch in die nächste Ebene des Lebens zu kommen, muss es durch den schmalen Geburtskanal hindurch. Es wird unangenehm, kalt und alle Geräusche gelangen ungefiltert in die Ohren des Neugeborenen.

Im Laufe des Lebens gibt es immer wieder Engpässe, durch die man einfach mal durchgehen muss, um das nächste Level zu erreichen. Wir Menschen können sehr hohen Stress wunderbar aushalten. Jedoch nur für eine kurze Zeit. Wenn eine Herausforderung es erfordert, die Zähne zusammenzubeißen, kann dies ein großes Geschenk für Dich sein. Eine Lösung sollte natürlich niemals komplizierter sein, als das Problem selbst. Aber auch hier kann Dir Dein Bauchgefühl wieder ein wundervoller Berater sein.

9. Zu kleine Ziele setzen

Die richtige Größe eines Zieles zu finden ist gar nicht so einfach. Glaubt man den ganzen Erfolgstrainern, dann müssen sie überdimensional groß sein. Spricht man hingegen mit einem Psychotherapeuten, wird er seine Warnung vor Überforderung aussprechen. An beiden Thesen ist etwas dran.

Ich habe die Erfahrung gemacht, dass zu große Ziele tatsächlich überfordernd wirken können. Zu kleine hingegen senken das Selbstvertrauen und sorgen nicht für den richtigen Motivationskick. In der Zeit, als die Rheumasymptome meinen Alltag eingenommen haben, fühlte ich mich teilweise so, als würde ich am Boden liegen und sämtliche Wünsche, Träume und Ziele niemals erreichen. Rückwirkend betrachtet habe ich doch alles und viel mehr erreicht. Als ich das für mich mal analysierte, fiel mir auf, dass meine Ziele immer so groß waren, dass ich sie auch noch sehen, spüren und innerlich erleben konnte, wenn ich auf dem Boden lag. Ich konnte das Licht am Ende des Tunnels erkennen. Das hat mir geholfen, immer wieder aufzustehen und weiterzugehen. Damals wusste ich das nicht, habe es intuitiv jedoch richtig gemacht.

Wenn Du Dir Ziele setzt, empfehle ich Dir, das Gleiche zu tun. Versetze Dich gedanklich für einen kurzen Moment in eine Krise und bestimme aus dieser Perspektive die Dimension Deines Zieles. Es sollte nicht zu groß oder zu weit entfernt, aber auch nicht zu klein und unsichtbar sein. Mir hilft diese Vorgehensweise heute noch. Krisen und schwierigere Phasen können immer auftreten. Das bedeutet aber nicht, dass man seine Wünsche, Träume und Ziele deshalb aufgeben muss.

10. Wenn man glaubt, etwas zu müssen

Kennst Du das Gefühl, etwas tun zu müssen? Hast Du mal beobachtet, was Du bei diesem Gedanken spürst?

„Müssen“ hat ganz wenig mit Freiwilligkeit zu tun. In solchen Momenten geht es darum, Erwartungen zu erfüllen und bloß nicht zu enttäuschen. Manchmal sind es die eigenen, oft aber auch die von anderen Menschen. Wenn Du das Gefühl hast, etwas tun zu müssen, wird Dein Weg zum Reichtum stressig und zwanghaft sein. Das verbraucht viel Energie, die für den Blick auf die wahre Fülle dann fehlt. Es führt auch dazu, dass man sein Leben weniger genießen kann.

In Wirklichkeit ist dieser Gedanke von „müssen“ eine Illusion. Du musst nämlich gar nichts. Du bist ebenso eine wundervolle Persönlichkeit, wenn Du Dich nicht getrieben fühlst.

Viele Menschen glauben, dass sie nur vorwärtskommen und erfolgreich werden, wenn sie gestresst sind. In Wirklichkeit berauben sie sich mit diesem Verhalten ihrer Lebensenergie. Das ist schade, denn gelassen lässt sich Reichtum viel einfacher aufbauen. Mache Dir bewusst, dass Du alles haben, sein oder tun kannst. Dafür brauchst Du nur das Gefühl von „ich muss“ loslassen. Das klingt einfach, oder?

2. Der Selbsttest – Wie gelassen und reich bin ich wirklich?

Ich bin mir sicher, dass Du dieses Buch aus einem ganz bestimmten Grund liest. Vielleicht möchtest Du gelassener, reicher oder sogar beides werden. Du hast bereits einige wichtige Informationen aus meinem Wissensschatz erhalten. Wenn man sich auf den Weg zu seinem Ziel macht, ist es erforderlich, zu wissen, wo man steht. Erinnere Dich gerne nochmal an das Beispiel mit dem Navigationssystem. Du sitzt in Deinem Auto und tippst Deinen Zielort ein. Die richtige Route erhältst Du allerdings nur, wenn Dein aktueller Standort lokalisiert werden kann. Und so ist es auch bei sämtlichen Zielen. Für die Erreichung Deiner Wünsche und Träume ist es wichtig, zu wissen, wo Du derzeit stehst.

Mit dem folgenden Selbsttest kannst Du das herausfinden. Beantworte dafür bitte die 33 Fragen. Anschließend stehen Dir unterschiedliche Bewertungsmöglichkeiten zur Verfügung.

0 = nie 1 = selten 2 = manchmal 3 = öfter 4 = häufig 5 = sehr häufig

Zähle am Ende Deine Punkte zusammen und schaue Dir die für Dich passende Auswertung an. Dadurch erhältst Du wichtige Hinweise für Deinen Weg zu mehr Gelassenheit und Reichtum.

Viel Freude dabei

2.1 Dreiunddreißig Fragen für mehr Bewusstsein

Nr.	Frage bzw. Aussage	Punkte
1.	Ich weiß nicht, was ich alles für wundervolle Dinge in meine Leben habe.	
2.	Mir fällt es schwer, das was ich habe wertschätzen zu können.	
3.	Ich sehe mehr Probleme als Möglichkeiten oder Chancen.	
4.	Ich kenne meine eigenen Talente und Fähigkeiten noch nicht gut genug.	
5.	Ich habe Reichtum für mich noch nicht definiert.	
6.	Ich strebe nach den Idealvorstellungen anderer Menschen.	
7.	Ich vergleiche mich mit anderen.	
8.	Gesellschaftliche Normen sind für mich sehr wichtig.	
9.	Wenn es schwierig wird, sinkt meine Energie.	
10.	Ich kenne meine Ziele im Leben nicht wirklich.	
11.	Ich setze mir eher kleine Ziele.	
12.	Ich habe Wünsche, Träume und Ziele, komme aber nicht ins Handeln.	
13.	Ich zweifle an mir.	
14.	Ich habe Ängste, die mich belasten.	
15.	Ich fühle mich getrieben und gestresst.	
16.	Geld beeinflusst meine Lebensqualität.	
17.	Mir fällt es schwer, mein Bauchgefühl wahrzunehmen.	
18.	Ich kann meinem Bauchgefühl noch nicht vertrauen.	
19.	Ich bin emotional hin und hergerissen.	
20.	Ich kontrolliere gerne alles.	
21.	Loslassen fällt mir schwer.	
22.	Gelassenheit fühlt sich für mich so an, als würde ich nichts tun.	
23.	In stressigen Situationen fällt es mir schwer, ruhig zu bleiben.	
24.	Ich habe kreisende Gedanken.	
25.	Ich kann dem Leben nicht bedingungslos vertrauen.	
26.	Themen aus meiner Vergangenheit belasten mich heute noch.	
27.	Ich kann meine Gefühle nicht steuern.	

28.	Mir fällt es schwer, das Leben richtig zu genießen.	
29.	Ich glaube, dass das Leben es nicht gut mit mir meint.	
30.	Ich fühle mich nicht reich.	
31.	Entscheidungen zu treffen fällt mir schwer.	
32.	Es fällt mir schwer, mich für neue Dinge zu begeistern.	
33.	Ich fühle mich machtlos.	

Meine Punkte: ________

Diesen Selbsttest findest Du auch in dem kostenfreien Workbook. Mit folgendem QR-Code bzw. unter folgendem Link, kannst Du es Dir herunterladen.

https://www.wolfangel-academy.de/buch-reichtum-download

2.2 Die Auswertung

ab 110 Punkte

Dein Wunsch, gelassener und reicher zu sein, ist möglicherweise sehr groß. Deine Haltung sowie Deine Gedanken, Gefühle und Handlungen sind jedoch nicht darauf ausgerichtet. So ist es schwer und anstrengend, Deine Wünsche, Träume und Ziele zu erreichen. Mit hoher Wahrscheinlichkeit achtest Du zu wenig darauf, wer Du wirklich bist und was Dir tatsächlich entspricht. Auch Deinem Bauchgefühl schenkst Du nicht die nötige Aufmerksamkeit. Mit einer derart hohen Punktzahl ist es schwer möglich, ein glückliches, gelassenes und reiches Leben zu führen.

Vielleicht stellst Du öfter fest, dass es mal Phasen in Deinem Leben gibt, in denen es sehr gut läuft. Doch dann bricht es schlagartig wieder ein. Das liegt daran, dass Dein Unterbewusstsein noch keine beständige Ausrichtung hat.

Diese Botschaften sollen Dich an dieser Stelle nicht schockieren. Denn allein, dass Du dieses Buch hier liest und Dir immer mehr Details bewusstwerden, schiebt Deinen Wandlungsprozess bereits an.

Tatsächlich kann es zudem hilfreich sein, Dich von einem Experten oder einer Expertin begleiten zu lassen. In vielen Fällen kann ein Coaching wundervolle Ergebnisse in deutlich kürzerer Zeit erzielen.

80 – 110 Punkte

Du stehst ziemlich unter Stress. Vielleicht ist Dir das bereits bewusst. Möglicherweise aber auch nicht. Viele Menschen merken gar nicht, dass ihr Belastungsniveau sehr hoch ist. Das liegt daran, dass sie sich daran gewöhnt haben oder es nicht anders kennen. Aus diesem Dilemma auszubrechen ist eine wundervolle Möglichkeit Deine Lebensqualität zu erhöhen. Zudem kannst Du deutlich gelassener und reicher werden.

Es gibt für Dich noch viel Potential, um belastende Themen aufzuarbeiten und sich im Alltag mehr Ruhe zu gönnen. Doch in der Regel fehlt die Zeit, die notwendige Konzentration oder die Geduld dafür. Mit einigen Methoden, Übungen, der richtigen inneren Haltung und dem angewandten Wissen über wahren Reichtum, kommst Du sicherlich schneller und einfacher in ein noch gelasseneres und wundervolleres Lebensgefühl.

In diesem Buch findest Du noch viele Methoden, die Dich innerhalb von wenigen Sekunden in eine deutlich bessere Frequenz bringen. Scheue Dich aber nicht, den Rat eines Experten oder einer Expertin hinzuzuziehen.

45 – 79 Punkte

Du befindest Dich auf einem guten Weg. Hin und wieder spürst Du eine Anspannung und bist mit Deiner Situation noch nicht vollkommen zufrieden. Dennoch weißt Du in vielen Fällen, was zu tun ist. Nicht immer gelingt es Dir, das auch umzusetzen. Es kann daher hilfreich für Dich sein, Dir genau die Bereiche anzusehen, bei denen

Du Dir vier oder fünf Punkte gegeben hast, um dafür geeignetere Wege zu finden. Wenn Du diese Lösungen integriert hast, gehe systematisch weiter vor und suche nach Möglichkeiten für die Bereiche, bei denen Du Dir zwei und drei Punkte gegeben hast. Zudem wird es Dir helfen, wenn Du noch stärker auf die Signale Deines Bauchgefühls achtest. Mit ein paar neuen Gedanken, mentalen Übungen und dem richtigen Wissen über Gelassenheit und Reichtum kannst Du ein noch wundervolleres Lebensgefühl erreichen.

bis 44 Punkte

Du führst ein sehr ausbalanciertes und reiches Leben. Auch hast Du scheinbar eine positive Haltung, fördernde Gedanken sowie eine gelassene und reiche Lebenseinstellung. Auch wenn es hier und da mal etwas unangenehmer wird, so stehst Du mit beiden Beinen auf dem Boden und kannst aus fast jeder Situation ein Wunder kreieren. Du findest Chancen und Wege, das Leben zu führen, welches Du Dir wünschst.

3. Wie reiche Menschen denken, fühlen und handeln

In meiner Laufzeit als Unternehmerin habe ich viele unterschiedliche Menschen kennengelernt, die ebenfalls finanziell sehr erfolgreich sind. Dadurch konnte ich für mich herausfinden und verstehen, dass Reichtum nicht nur vom Geld abhängt.

Manche von ihnen denken wie ich und sind stets gelassen. Andere werden schnell wütend und cholerisch, sobald mal etwas nicht so läuft, wie sie es sich vorstellen. Da stellte sich mir öfter die Frage: „Bin ich reich, wenn ich ein volles Konto habe, jedoch ein Gefühlschaos in mir trage? Möchte ich auf dieser Basis mein Leben aufbauen und als cholerische Unternehmerin durchs Leben gehen, die alles kontrollieren und bestimmen möchte? Eine Frau, die durchdreht, sobald irgendetwas nicht funktioniert?“ Natürlich nicht! Ich habe für mich bereits früh entschieden, dass ich das nicht möchte und dass ein solches Verhalten nichts mit Reichtum zu tun hat.

Für mich habe ich das absolute Gegenteil in Betracht gezogen. Aufgrund dessen habe ich überlegt, wie denn der Stereotyp eines reichen Menschen sein könnte. In meiner Wahrnehmung verfügt ein wirklich reicher Mensch über ein hohes Maß an Selbstbewusstsein. Er fühlt sich wohl in seiner Haut und empfindet kein Konkurrenzdenken, weil er in einer Welt der Fülle lebt. Für diese Person ist für alle genug da und er nimmt eher Chancen als Hürden wahr. Reiche Menschen wissen, was sie können. Sie verhalten sich souverän und selbstsicher. Meist sind sie großzügig und helfen Schwächeren. Vermögende Persönlichkeiten laufen mit einem offenen und wachen Blick durch die Welt, weil sie wissen möchten, was um sie herum passiert. Sie sind ernsthaft am Weltgeschehen interessiert und suchen Möglichkeiten, um ihr Können in die Gesellschaft einzubringen. Sie sind entscheidungsstark und scheuen sich nicht davor, Verantwortung zu übernehmen. Dazu gehört es auch, zuverlässig und pünktlich zu sein.

Reiche Menschen sind wahre Macher-Typen. Sie warten nicht, sondern ergreifen die Chancen, die sich ihnen bieten. Wohlhabende Persönlichkeiten sind zufrieden mit sich selbst und sind sich ihrer Werte bewusst. Man muss sie nicht täglich daran erinnern, dass sie gut sind wie sie sind. Sie hören es zwar gerne, suchen diese Bestätigung jedoch nicht in Form von Anerkennung durch Außenstehende.

Vielleicht hast Du eine andere Definition für reiche Menschen. Ich hingegen halte mich seit vielen Jahren genau an diese Punkte, weil sie mir entsprechen. Und damit fahre ich sehr gut, da ich meiner inneren Stimme folgen kann. Ich bin zutiefst davon überzeugt, dass ein Mensch, der aus seinem Herzen heraus agiert, niemandem schadet und nichts Böses tun kann. Wenn Geist und Herz Hand in Hand miteinander gehen, kann nur etwas Großartiges daraus entstehen.

Wenn Du Dein Herz für diese Form von Reichtum öffnen möchtest, werden die folgenden Abschnitte eine Bereicherung für Dich sein. Ich zeige Dir Schritt für Schritt, wie reiche Menschen denken, fühlen und handeln. Du erfährst einiges über ihr Selbstbild, ihre Ausstrahlung, mit welchem Grundgefühl sie in den Tag starten, welche Erfolgsgesetze sie haben, wie ihre innere Erlebniswelt aussieht, was sie lieben und welche Werte sie haben. Somit hast Du eine fantastische Orientierung und kannst Dir das herausziehen, was für Dich stimmig und richtig ist.

Auch hier gilt wieder: Habe nicht den Anspruch, alles sofort und perfekt in Dein Leben zu integrieren. Lass es auf Dich wirken und prüfe über Dein Bauchgefühl, was für Dich passt und was nicht. Du stehst nun wieder vor einem großen Buffet und nimmst Dir das, worauf Du Lust hast.

3.1 Das einzigartige Selbstbild reicher Menschen

Worauf achtest Du, wenn Du einem Menschen das erste Mal begegnest? In unterschiedlichen Studien hat man herausgefunden, dass wir bereits nach 30 Millisekunden festlegen, wie wir eine Person einschätzen. In dieser kurzen Zeit kann man nicht wirklich davon sprechen, jemanden kennengelernt zu haben. Dennoch sind wir von Natur aus sehr oberflächlich. Wir scannen die Person, gleichen die Eindrücke mit den Informationen aus unserem Unterbewusstsein ab und bewerten. Eine fantastische Leistung. Leider nicht immer ganz präzise.

Viele Menschen wissen das und nutzen diesen Effekt für sich. Sie achten daher bei sich selbst auf jedes Detail. Angefangen beim Gesichtsausdruck bis hin zur richtigen Schuhwahl. Nun gibt es an dieser Stelle jedoch einen kleinen und feinen Unterschied. Die meisten tun das, um eine bestimmte Wirkung auf ihr Umfeld zu erzielen. Das führt dazu, dass sie ihr Erscheinungsbild an die Erwartungen anderer anpassen. Wenn Du das tust, machst Du Dein Wohlgefühl und Dein Selbstbild abhängig davon, wie andere Dich finden.

Wirklich reichen Menschen ist das viel zu stressig. Sie haben den Anspruch, sich immer gut zu fühlen. Deswegen gehen sie anders vor. Ihr wahres Selbstbild haben sie klar vor ihrem geistigen Auge und strahlen das auch aus. Dementsprechend kleiden sie sich und kommunizieren mit Ihrer Umwelt. Das hat den entscheidenden Vorteil, dass Sie dafür anerkannt werden, wer sie wirklich sind. Es gibt bei ihnen keine aufgesetzte Freude, sondern pure Lebenslust und echte Begeisterung für sich selbst.

Sich irgendwelchen Trends zu bedienen ist einfach und von jedem realisierbar. Die intensive Beschäftigung mit sich selbst kostet im Vergleich etwas Zeit und viel Liebe. Dafür ermöglicht es Dir, mehr Freude darin zu entdecken, für Dich selbst gut auszusehen.

Reiche Menschen sind nicht irgendwer in der breiten Masse. Sie wollen etwas bewegen und eine „bessere“ Welt schaffen. Dafür stehen sie. Und das strahlen sie mit jeder Zelle und mit jedem Kleidungsstück aus.

Gehe doch auch mal los und probiere etwas Neues aus. Sei inspiriert von Dir selbst und Deinen eigenen Ideen. Erfinde Dich mal komplett neu, sodass Du in den Spiegel schaust und sagst: Wow, mit dem oder der würde ich gerne mal ausgehen. Achte dabei nicht darauf, was andere sagen könnten. Verliebe Dich in Dein eigenes Spiegelbild und gehe damit in die Welt. Die Energie, die Du dann aufs Parkett legst, wird eine unbeschreibliche Magie verursachen.

Hast Du Spaß daran, eine ganz eigene und individuelle Persönlichkeit zu sein? Ein Mensch, den man mit nichts und niemandem vergleichen kann?

Die liebevolle Auseinandersetzung mit sich selbst ist ein wesentlicher Faktor. Er entscheidet, ob reiche Menschen auch wirklich reich bleiben. Mein Bild von mir entsteht aus dem gleichen Fundament, wie der Reichtum, den ich lebe. Nämlich aus Liebe. Mir ist es nicht wichtig, Eindruck bei anderen zu erwecken. Es geht mir darum, mich selbst zu erkennen und weiterzuentwickeln. Ich bin es mir wert, in meine Ausstrahlung zu investieren. Mir macht es eine große Freude, etwas Neues auszuprobieren. Wenn Du durch mein Social-Media-Profil schaust, wirst Du feststellen, dass ich total wandelbar bin. Mal habe ich die Haare Kürzer, mal länger. Ich trage unterschiedliche Farben. Manchmal bin ich sportlich und an anderen Tagen elegant. Und das tue ich für mich, weil ich die Wandelbarkeit liebe.

Viele Menschen reden sich etwas ein und sagen: „Das ist nichts für mich." Das liegt oft daran, dass sie es sich nicht erlauben. Probieren sie es jedoch mal aus, kommen oft neue Erkenntnisse und Gefühle hoch, die sie vorher nicht kannten.

Stell Dir doch mal die Frage, wer Du bist und wie Du aussiehst, sobald die Meinung anderer Menschen keine Rolle mehr spielt. Welche Ausstrahlung hast Du dann? Wie kleidest Du Dich? Wie machst Du Dich zurecht, um vor dem Spiegel zu stehen und Dich selbst genießen zu können?

Mache Dir dabei bewusst, dass jeder Tag an dem Du Dich super mit Dir selbst fühlst, besser ist als ein Lotteriegewinn.

3.2 Die charismatische Ausstrahlung reicher Menschen

Marilyn Monroe sagte mal: „Ich kann selbst entscheiden, ob ich wahrgenommen werden möchte oder nicht.“

Und es ist tatsächlich so. Unsere innere Haltung entscheidet darüber, wie und ob wir gesehen werden. Wenn Du Dich gut fühlst und einen Raum betrittst, indem andere Menschen sind, werden sie Dich eher wahrnehmen, als wenn Du Dich unwohl fühlst und den Kontakt scheust. Deine innere Haltung hat eine direkte Auswirkung auf Deine Ausstrahlung.

Was braucht es denn genau, um als charismatisch wahrgenommen zu werden?

Prinzipiell ist es ganz leicht. Lege den Fokus nicht so sehr darauf, was andere von Dir denken. Bleibe in Deiner Selbstliebe, Selbstachtung und habe Respekt vor Dir selbst. Menschen spüren, ob jemand zum höchsten Wohle aller und sich selbst gegenüber denkt und handelt. Wenn Du in Deiner Mitte bist, strahlst Du das aus. Dein Umfeld bekommt ein unbewusstes Signal von Dir und geht dann von folgendem Gedanken aus:

„Wer in sich selbst sein Zuhause gefunden hat, kann auch in anderen Menschen ein Heimatgefühl auszulösen.“

Weiterführend bedeutet das: „Wenn diese Person sich selbst guttut, wird sie auch mir guttun."

Wenn Du begeistert von dem heutigen Tag bist, wirst Du Deine Mitmenschen magisch anziehen und mitreißen. Behandle Dich daher mit Achtung und Respekt ohne Dich anderen Menschen über- oder unterzuordnen. Die Einsicht, dass jedes Menschenleben gleich viel wert ist, entscheidet auch darüber, ob Dein Umfeld Deinen Absichten vertraut. Sobald Du alles bedingungslos beobachten und akzeptieren kannst, was um Dich herum geschieht, suchen andere Menschen automatisch Deine Nähe, weil Sie das Gefühl haben, von Dir ebenso bedingungslos akzeptiert zu werden.

Eine charismatische Ausstrahlung entsteht somit dann, wenn wir in unserer höchsten Energie sind. Dafür braucht es keine Anstrengung, sondern einfach nur Liebe.

3.3 Die Erfolgsgesetze reicher Menschen – Kurz auf den Punkt gebracht!

Es gibt zahlreiche Empfehlungen, Tipps, Tricks und Ratschläge, die eine fantastische Unterstützung bieten, um erfolgreicher zu werden. Dazu kann man sicherlich tausende Bücher lesen und Seminare besuchen. Vielleicht hast Du bis hierhin bereits festgestellt, dass ich an vielen Stellen andere Ansätze habe als die meisten. Das ist gleichzeitig auch die Bestätigung dafür, dass es nicht nur einen Weg gibt. Im Folgenden gebe ich Dir meine Erfolgsgesetze mit an die Hand. Solltest Du meine Einstellung mögen, wirst Du diese Gesetzmäßigkeiten lieben.

1. Werde Dir darüber klar, was Du bereits hast

Unsere innere Einstellung entscheidet darüber, ob wir unsere Wünsche, Träume und Ziele erreichen oder nicht. Wenn Dein Fokus auf dem liegt, was Dir gerade fehlt, wird Dir das Leben noch mehr Dinge aufzeigen, die weiteren Mangel verursachen. Es ist exakt so, wie es in der Bibel steht: „Der, der hat, dem wird gegeben. Der, der nicht hat, dem wird auch der Rest genommen.“ Wenn Du das auf Deine innere Haltung beziehst, kannst Du sehr gut verstehen, warum Mangeldenken weiteren Mangel verursacht und reiches Denken weiteren Reichtum schafft.

Die einfachste Möglichkeit ist, sich die Dinge im Leben bewusst zu machen, die man hat und dafür dankbar zu sein. Dadurch sendest Du die richtige Frequenz aus.

2. Wende Deinen Blick nicht ab, bevor Du nicht etwas Gutes erkannt hast

Den ganzen Tag werden wir mit vielerlei unterschiedlichen Ereignissen konfrontiert. Manche sind atemberaubend, andere wiederum weniger schön. Die Geschehnisse des Lebens zu kontrollieren ist anstrengend, schwer und kaum möglich. Die eigenen Reaktionen zu wandeln ist deutlich einfacher. Daher habe ich mir angewöhnt, alles solange zu betrachten, bis ich etwas Positives gefunden habe. Das hilft mir dabei, keinen emotionalen Ballast anzustauen und mit einem klaren Blick mein Leben zu genießen. Fokussiert man sich hingegen zu sehr auf die negativen Seiten, raubt das viel Energie. Diese fehlt dann wiederum für die schönen Dinge des Lebens.

3. Prüfe Deine inneren Überzeugungen

Die inneren Überzeugungen eines Menschen bestimmen sein Handeln. Daher ist Selbstreflexion ein entscheidender Faktor. Du weißt bereits, dass die Frequenz, die Du aussendest, eine enorme Wirkung hat. Wenn Du davon überzeugt bist, dass reiche Menschen immer gestresst sind, wird Dir das in Deinem Leben genauso begegnen. Glaubst Du jedoch daran, dass Gelassenheit Dich noch reicher machen wird, wird sich auch das in Deinem Leben manifestieren. Aus diesem Grund ist es wichtig, dass Du Deine Einstellung hinterfragst. Solltest Du dabei feststellen, dass Du Dir das Leben selbst schwer machst, kannst Du gegensteuern und Dir neue Glaubensmuster aneignen.

Eine meiner Überzeugungen ist die Folgende:

„Ich glaube nicht, dass meine Mitarbeiter:innen brillante Arbeit leisten. Ich weiß es. Ob ich da bin oder nicht.“

Ich bin absolut überzeugt davon, dass meine Firma auch ohne mich läuft. Meine Mitarbeiter:innen sind fantastisch und liefern wundervolle Ergebnisse. Ob ich da bin oder nicht. Das hat sich entwickelt, weil ich von Anfang an immer das überzeugende Gefühl hatte, dass es genau so ist.

4. Werde Dir der Energie bewusst, die Du aussendest

Die Energie, die Du aussendest, kommt zu Dir zurück. Stehst Du morgens gut gelaunt auf und gehst fröhlich durch den Tag, wirst Du ebenso gute Laune und Fröhlichkeit zurückerhalten. Genauso ist es mit Erfolg, Gelassenheit, Reichtum, Liebe und allen anderen Dingen.

Und jetzt habe ich wieder ein paar Fragen an Dich:

- Mit welchem Gefühl stehst Du morgens auf?
- Mit welcher Energie startest Du in den Tag?
- Wie fühlst Du Dich bei schwierigen Aufgaben?
- Wie fühlst Du Dich unter Zeitdruck?

Bist Du in alltäglichen Situationen eher gelassen oder gestresst? Fühlst Du Dich reich und wohlhabend oder eher dem normalen Wahnsinn des Lebens verfallen? Mache Dir immer bewusst, dass es an Dir, Deiner Haltung und Deiner Entscheidung liegt, welche Energien Du aussendest und was Du dadurch vom Leben gespiegelt bekommst.

5. Höre auf Dein Herz

Wir leben in einer Gesellschaft, in der wir sehr verstandesorientiert handeln. Das bedeutet, dass wir vieles durchdenken und auf logischer Ebene versuchen, Lösungen zu finden. Doch ist das wirklich die beste Vorgehensweise? Ich denke nicht. Denn heute wissen wir, dass die Herzensenergie und das Herzbewusstsein über deutlich mehr Antworten verfügen als unser Verstand.

Hast Du Dir schon mal Gedanken darüber gemacht, was Dir Gänsehautmomente verschafft? Weißt Du, welche Vision vom Leben Dein Herz zum Singen bringt? Spüre doch mal tief in Dich hinein und beantworte Dir diese Fragen, ohne dabei zu denken, abzuwägen oder zu bewerten. Und dann gehst Du diesen Impulsen nach. Denn sie sind richtig für Dich.

Auch kannst Du Dein Herz bei wichtigen Entscheidungen befragen. Es wird Dir die passenden Antworten geben. Lass Dich dabei nicht von den Gedanken aus Deinem Verstand beeinflussen. Denn möglicherweise werden sie sich einmischen, weil Du daran gewöhnt bist.

6. Übe Dich in Geduld – gewisse Dinge benötigen Zeit

Stell dir mal vor, Du hast einen fantastischen Nährboden. Du nimmst eine Eichel zur Hand und setzt sie ein.

Du achtest auf die richtige Temperatur, genügend Flüssigkeit und die perfekte Sonneneinstrahlung. Welche Erwartung hast Du einen Tag, eine Woche oder einen Monat später? Gehst Du davon aus, dass eine zwanzig Meter hohe Eiche gewachsen ist? Sicherlich nicht. Es braucht die richtige Pflege und Geduld. Doch bei vielen anderen Dingen im Leben ist genau das eine der größten Hürden.

Um Wünsche, Träume und Ziele zu realisieren, braucht es die gleichen Parameter, wie bei der Eiche. Wir müssen die Samen, die wir gesät haben, pflegen und geduldig bleiben. Erfolg, ein neues Lebensgefühl und der Reichtum kommen nicht über Nacht. Wahre Substanz im Leben baut sich im Laufe der Zeit auf. Doch was passiert, wenn wir das Gefühl haben, uns würde die Zeit davonlaufen? Wir produzieren niederfrequente Schwingungen des Mangels.

Vertraue auf Dich und Deine Fähigkeiten. Gib Dir Zeit zum Wachsen. Dabei kannst Du beobachten, wie sich Deine Lebensumstände Stück für Stück in die Richtung Deiner Vorstellungen verändern. Das ist fantastisch mit anzusehen, genauso, wie aus der Eichel langsam ein großer Eichenbaum wird.

7. Stoppe Grübeleien, sobald sie Dir bewusst werden

Jeder hat mal negative Gedanken oder einen schlechten Tag. Auch das gehört zum Leben dazu. Die Frage ist jedoch: „Wie gehe ich damit um und wie reagiere ich darauf?“ Viele Menschen beginnen sich Sorgen zu machen oder zu grübeln. Sie versuchen, eine Lösung im Verstand zu kreieren oder sich selbst zu bemitleiden. In solchen

Momenten kreisen sämtliche Gedanken in Dauerschleife durch den Kopf. Das liegt daran, dass man nicht im Vertrauen mit sich selbst ist, sondern versucht alles zu kontrollieren. Das verbraucht enorm viel Energie. Es kann sinnvoll sein, durch Gedanken eine Lösung zu entwickeln oder sich in eine bessere Stimmung zu bringen. Du solltest jedoch wissen, dass Grübeln wie eine Waffe wirkt, die Du auf Dich selbst richtest. Dadurch erzeugst Du unangenehme Gefühle, welche Dich an dem zielgerichteten Handeln hindern.

Stoppe somit Grübeleien, sobald sie Dir bewusst werden. Wie Du das machst, erfährst Du im dritten Teil dieses Buches.

8. Achte auf Deine Wortwahl

Seitdem Menschen sprechen können, haben Worte eine kraftvolle Wirkung. Das liegt daran, dass wir im Laufe des Lebens Gefühle und Emotionen daran koppeln. Nehmen wir mal das Wort „Liebe". Sobald Du dieses liest oder hörst, reagiert Dein Unterbewusstsein darauf und aktiviert alles, was Du dazu abgespeichert hast. Wie sieht es denn mit dem Wort „Bolagi" aus? Was empfindest Du dabei? Vermutlich nicht viel, weil Du es gar nicht kennst. Du hast daran noch kein Gefühl geknüpft. Wenn ich Dir jetzt sage, dass es sich in Indien um eine Beleidigung handelt, wirst Du dies abspeichern und in Zukunft als respektlos empfinden, sobald Du es liest oder hörst. Erkläre ich Dir jedoch, dass man in Thailand darunter die bedingungslose Liebe versteht, bekommst Du ein anderes Verhältnis zu „Bolagi". Tatsächlich handelt es sich um einen Fantasiebegriff, den ich mir habe einfallen lassen, um dieses Thema anschaulich zu erklären.

Worte, die Du kennst, wählst und verwendest, haben eine machtvolle Wirkung. Sie zeichnen Bilder in Deinem Kopf und in den Köpfen Deiner Mitmenschen. Aus diesem Grund habe ich mir angewöhnt, sehr viel wohlwollende, fantastische und wundervolle Worte in meinem Sprachgebrauch zu verwenden. Denn es hat eine Wirkung auf mich und die Menschen, mit denen ich kommuniziere. Für viele mag das zu blumig klingen. Ich finde es grandios. Für mich macht es einen großen Unterschied, ob ich sage: „Mir geht es gut“ oder „Ich fühle mich fantastisch“.

Spüre doch mal selbst den Unterschied folgender Sätze:

Ich komme gut mit Anita klar.
Anita und ich haben eine wundervolle Verbindung.

Hans hat einige Fehler gemacht.
In Hans steckt sehr viel Potential.

Ich mag das Leben.
Das Leben bringt mein Herz zum Singen.

Ich bin genervt.
Heute ist der Tag nicht leicht für mich.

Ich liebe Dich.
Wenn ich Dich sehe, dann schmelze ich vor Liebe dahin.

Meine Mitarbeiter:innen machen einen tollen Job.
Ich bin der größte Fan meiner grandiosen Mitarbeiter:innen.

Spürst Du den Unterschied? Genial, oder? Und es ist einfach. Vielleicht hast Du mal Lust, Dir 200-300 schöne und magische Worte oder Sätze aufzuschreiben, die Du dann zu einem Bestandteil Deines Lebens machst. Du wirst nicht mehr aus dem Staunen herauskommen, wenn Du spürst, wie sich Deine Gefühlswelt dadurch verändert und andere Menschen auf Dich reagieren.

3.4 Die innere Erlebniswelt reicher Menschen

Wirklich reiche Menschen haben eine ganz spezielle Wahrnehmung. Ihre Erlebniswelt funktioniert in der Regel anders als bei anderen. Sie genießen alles, was sie mit ihren Sinnen erleben und fühlen können. Auch wenn sie mal Kleinigkeiten übersehen oder vergessen, leben sie sehr bewusst. Reiche Persönlichkeiten haben einen Lebensplan, den sie verfolgen. Sie können allerdings auch die Kontrolle und wichtige Aufgaben an Mitarbeiter:innen oder Vertrauenspersonen abgeben. Genau so lebe ich. Die innere Erlebniswelt folgt der Freude und gibt unendliche Power für das, was im Außen zu tun ist.

Meiner Erfahrung nach kommt alles, was ich erlebe, zur richtigen Zeit und ist genau dann da, wenn ich es brauche. Sämtliche Informationen, die mir wichtig sind, um im Leben vorwärts zu kommen, werden mich finden, ohne dass ich mich quälen muss. In meiner Welt bin ich empfänglich und offen für die Geschenke der Natur und habe meinen Blick stets in Richtung Sonne gerichtet. Es triggert mich nicht, wenn Menschen einen anderen Willen haben. Ebenso kann ich sehr gut mit einer Absage leben, ohne gleich die eigenen Werte zu hinterfragen.

Ich teile meine Freude und mein Glück gerne mit anderen und freue mich, ihnen bedingungslose Geschenke zu machen.

Mich macht diese innere Erlebniswelt so glücklich, dass ich oft denke:

„Wenn ich jetzt in die Luft springe, werde ich abheben und fliegen!“

3.5 Die Werte reicher Menschen

Wenn man an reiche Menschen denkt, könnte man meinen, dass ihr wichtigster Wert „das Geld“ ist. Wenn es das nicht ist, dann vielleicht die Luxusvilla, das große Auto oder die Urlaubsreisen. Ich finde alles davon fantastisch, doch liegen meine Werte woanders. Mir sind nur zwei Dinge im Leben wirklich wichtig. Und dabei handelt es sich um die Gefühle „Freude“ und „Liebe“. Alles, was ich tue, entsteht auf Grundlage dieser beiden Werte. Selbstverständlich sind mir auch Familie, Partner, Freunde und meine Firma wichtig. Jedoch aus dem Grund, weil ich dadurch maximale Freude und Liebe empfinde. Ebenso ist es mit Geld und sämtlichen materiellen Gegenständen. Alles führt zum gleichen Ursprung.

An dieser Stelle lade ich Dich herzlich dazu ein, auch Deine Werte mal unter die Lupe zu nehmen. Was ist Dir wichtig? Warum tust Du, was Du tust? Welche Gefühle möchtest Du bevorzugt in Deinem Leben erfahren und was ist dafür notwendig, um sie maximal häufig spüren zu können?

Teil 2 – Wie Du in nur 10 Schritten gelassen und reich wirst

In diesem zweiten Teil des Buches erfährst Du, was Du theoretisch und praktisch tun kannst, um den Reichtum auf eine gelassene Art und Weise in Dein Leben zu ziehen.

Wie Du bereits gelernt hast, ist Reichtum ein Zustand, der von innen heraus entsteht. Wenn Du Dich leer, schwach und arm fühlst, wirst Du mit hoher Wahrscheinlichkeit die Fülle dieser Welt und Deines Lebens nicht wahrnehmen können. Es fühlt sich dann an, als wären die Tore der unendlichen Möglichkeiten für Dich verschlossen. Womöglich sind sie es auch. An dieser Stelle habe ich jedoch eine gute Nachricht für dich:

Du selbst bist in der Lage, diese Türen zu öffnen. Es liegt an Dir und an Deiner Sicht auf das Leben, ob Du Dir Deine Wünsche erfüllst, oder nicht.

Du erhältst nun mein komplettes 10-Schritte-System, mit vielen hilfreichen Gedanken und Impulsen. Es wird Dir dabei helfen, den Reichtum auf allen Bewusstseinsebenen zu verankern und so Deine Gedanken, Gefühle und Handlungen auf Wohlstand auszurichten. Um präzise Ergebnisse entstehen lassen zu können, ist es wichtig, dass Deine Gedanken und Dein Handeln aufeinander abgestimmt sind. Es ist nicht hilfreich, das Eine haben zu wollen und etwas anderes zu tun. Dieses widersprüchliche Agieren bringt Dein inneres Navigationssystem völlig durcheinander. Kongruentes Handeln hat mir dabei geholfen, mich jeden Tag etwas glücklicher zu fühlen und den Reichtum in meiner Realität erfahren zu können. Darunter verstehe ich die Übereinstimmung zwischen der Körpersprache, der verbalen Kommunikation und der inneren Haltung. Heutzutage sind diese Schritte und Gedanken für mich absolut normal. Das liegt daran, dass sie ein fester Bestandteil meines Lebens sind, ich meine Gewohnheiten vollkommen darauf ausgerichtet habe und daher sehr konsequent in der Umsetzung bin.

Vielleicht klingt das für Dich nach harter Arbeit. Das ist es aber nicht. Wenn Du mit spielerischer Freude herangehst, wird es leicht. Und dann kannst Du spüren, dass Gelassenheit Dich reich macht.

Ich wünsche Dir viel Freude und maximale Inspiration.

Schritt 1 – In der Ruhe liegt das Kapital

Damit der Reichtum zu Dir kommen kann und langfristig bleibt, ist es wichtig, innerlich ruhig zu sein und diese Ruhe auch auszustrahlen. Das sorgt nämlich dafür, dass Du einen besseren Zugang zu Deiner Intuition aufbauen kannst und leichter gute Entscheidungen triffst. Im ersten Schritt geht es somit darum, zu verinnerlichen, dass Du aus der Ruhe heraus Deinen Reichtum viel einfacher aufbauen kannst.

Zum besseren Verständnis lade ich Dich jetzt herzlich ein, folgendes Szenario einmal mitzufühlen. Dabei spielt es keine Rolle, ob Dir die Situation bekannt vorkommt oder nicht. Fühle Dich einfach hinein.

Es ist Montag früh. Eine neue Woche beginnt. Doch Dein Begeisterungspegel lässt zu wünschen übrig. Am gestrigen Abend hattest Du einen Streit mit Deinem Partner. Zudem hast Du Dir Deinen linken Fuß an der Bettkante gestoßen. „Autsch, das tat weh."

Dann denkst Du an Deine komplizierte Arbeitskollegin. Am Liebsten würdest Du das Haus gar nicht verlassen. Mit einer niedrigen Frequenz quälst Du Dich in die Küche, um Dir einen Kaffee zu machen. Leider ist die Milch leer. Daher gibt es nur einen Schwarzen. Dann schlägst Du die Zeitung auf und liest, dass die nächste Wirtschaftskrise vor der Tür steht. Auch wenn Du es Dir äußerlich nicht ansehen lässt, würdest Du am liebsten nochmal ganz von vorne anfangen. Doch dann kommt der Gedanke: „Das geht leider nicht. Ich habe Verantwortung und bin vielen Menschen und Situationen gegenüber verpflichtet. Man zählt auf mich und erwartet, mich pünktlich zu Arbeitsbeginn anzutreffen." Mit kreisenden Gedanken und einem bedrückenden Gefühl schwenkst Du Deinen schwarzen Kaffee in der Tasse hin und her. Eine Dauerschleife an Nervosität macht sich breit. Doch unerwartet holt Dich ein klirrendes Geräusch aus dieser Energie heraus. Es ist Deine Kaffeetasse. Sie ist auf den Küchenboden gefallen und in unzählige Teile zersprungen.

Und nun habe ich mal ein paar Fragen an Dich:

- Erkennst Du dieses Gefühl wieder?
- Erlebst Du manchmal Tage, an denen es Dir ähnlich geht?
- Wie oft kommt das vor?
- Wie fühlst Du Dich, wenn Du Dich in einer vergleichbaren Energie befindest?
- Fühlst Du Dich dem Reichtum und der inneren Gelassenheit nahe oder eher weit entfernt davon?

Stress und Negativität definiert jeder Mensch für sich selbst ganz individuell. Was der Eine als anstrengend empfindet, ist für den Anderen ein Vergnügen. Zustände, wie eben geschildert, sind oft die Ursache dafür, dass wir unsere Ziele nicht erreichen. Und das hat nichts mit den äußeren Umständen zu tun. Selbstverständlich kann man andere Menschen als kompliziert empfinden und sich den Fuß an der Bettkante stoßen. Auch kann mal die Milch leer sein, eine Wirtschaftskrise vor der Tür stehen und eine Kaffeetasse zu Boden fallen. Doch sind das Gründe, sich davon aus der Ruhe bringen zu lassen? In meiner Welt nicht.

Durch Stress und angsteinflößende Situationen kommen wir in den sogenannten „Überlebensmodus“, auch „Existenzmodus“ genannt. Dieser Zustand hält unser körperliches sowie energetisches System in Alarmbereitschaft. Er vermittelt uns, dass eine Gefahr lauert und wir uns auf einen möglichen Angriff gefasst machen müssen.

Willst Du das? Macht es Dir Spaß, Dein kostbares Leben auf diese Art und Weise zu führen? Möchtest Du ständig in Alarmbereitschaft sein?

Aufgrund meiner langjährigen Erfahrung als Unternehmerin mit vielen Höhen und Tiefen, sage ich Dir: Es ist deutlich einfacher, Deine Ziele zu erreichen, wenn Du gelassen bleibst und diesen Stress transformierst. Es hilft Dir nicht, die negativen Gefühle zu ignorieren oder Dich weiter hineinzusteigern. Im Gegenteil! Schau sie Dir beobachtend an, fühle sie, erkenne, was in Dir vorgeht, und lass sie im Anschluss lächelnd los. Es klingt verrückt und gelingt mit jedem Mal besser und besser. In solchen Momenten bist Du nur eine Entscheidung von einer zielführenden, gelassenen und inspirierenden Haltung entfernt.

Wenn tiefe Gelassenheit „Reichtum“ anzieht, verursacht dauerhafter Stress „Armut“.

In einem Zustand der absoluten Gelassenheit machst Du wundervolle Erfahrungen. Du bist innerlich ruhig, stärkst Dein Immunsystem, Deinen Hormonhaushalt, den Blutdruck und das energetische System. Der physische Körper kann so in Ruhe seinem Job nachgehen, ohne von der Psyche blockiert zu werden. Dadurch kannst Du klar denken und leichter Entscheidungen treffen, die Dich näher an Dein Ziel bringen.

„Ein klarer und gelassener Geist stellt sich Fragen, die einen weiter an sein Ziel bringen und nicht davon entfernen!“

Lass die Vorstellung los, dass Du nur unter Stress zu Deinen Zielen kommst. Gehst Du davon aus, dass Du nur dann reich sein kannst, wenn Du ständig unter Strom stehst, wird Dein Weg steinig und schwer. Beginne doch ab heute mal Deinen Tag mit dem Gedanken: „In der Ruhe liegt mein Reichtum“ oder „Je gelassener ich bin, desto reicher bin ich“.

Schritt 2 – Denke weniger nach und fühle Dich reich

Wenn Du die innere Ruhe in Dir gefunden hast, kannst Du einen Schritt weitergehen, indem Du beginnst, weniger zu denken und mehr zu fühlen. Das mag etwas skurril klingen, da die meisten Menschen glauben, alles mit ihrem Verstand lösen und erreichen zu müssen. Das Gegenteil ist jedoch der Fall. Sicherlich braucht es im Leben Strukturen und Strategien. Doch „viel" zu denken bedeutet nicht unbedingt „besser" zu denken.

Wahrer Reichtum ist ein Gefühl und entsteht aus Deiner gelassenen Haltung zum Leben. Diese erhältst Du, wenn Du Dich bereits reich fühlst. Das menschliche Gehirn unterscheidet nicht zwischen innen und außen. Sobald Du Dir etwas vorstellst, ist es Realität. Das ist eine fantastische Fähigkeit. Um das Gefühl von Reichtum zu empfinden, brauchst Du nichts weiter tun, als Dir die Dinge vorzustellen, die Du haben willst. Du musst sie gar nicht haben oder besitzen. Die bloße Vorstellung reicht aus. Dein System folgt stets Deinem Geist und Du bist dazu in der Lage, das Kommando zu geben. Du nutzt einfach Deine Gedanken, um ein reiches Gefühl zu erzeugen. Und dann genießt Du es. Cool oder?

Alles, was Du bisher gedacht und gefühlt hast, hat Dich genau dorthin geführt, wo Du heute bist. Doch was machst Du, wenn Du damit nicht zufrieden bist und Dein Gedankenkarussell aus negativen Bewertungen und destruktiven Glaubensmustern einfach keine Ruhe geben will?

Besonders wichtig ist es, zuerst die Vorstellung loszulassen, mit Deinem Verstand alles kontrollieren zu wollen. Lass Dein Leben einfach mal laufen, ohne alle möglichen Szenarien zu durchdenken. Gib Dich dem Fluss des Lebens hin und schaue, was passiert. Mit dem Gefühl des Reichtums in Dir werden Wunder wahr.

Manchmal gibt es aber auch Momente, in denen man sich schwertut, die Gedanken abzuschalten. Wenn es Dir auch öfters so geht, habe ich noch eine sehr effektive Übung für Dich:

Kreiere vor Deinem geistigen Auge ein knallrotes und riesengroßes Stoppschild, so wie Du es vom Straßenverkehr gewohnt bist. Wenn Du mit Deinem Auto vor so einem Schild stehst, hältst Du sicherlich auch an. Oder? Genauso kannst Du es mit Deinen Gedanken handhaben. Sobald ein Impuls in Dir hochkommt, der Dir Energie nimmt, anstatt zu schenken, dann baue dieses Schild visuell vor Dir auf und lass alles daran abprallen. Sage Dir: „STOPP! Was will ich denken? Welcher Gedanke bringt mich jetzt weiter? Wie kann es jetzt ganz leicht gehen?“ Du selbst schickst Deine Gedanken auf Spurensuche. Entscheide, welche Fährte sie aufnehmen sollen.

Lass die Vorstellung los, dass Du nur mit viel Verstandesarbeit zu Deinen Zielen kommst. Damit blockierst Du Dich nur. Beginne doch ab heute mal Deinen Tag, indem

Du bei kreisenden Gedanken Dein Stoppschild herausholst und das Gefühl von Reichtum in Dir erzeugst. Denn dann bist Du in einer dienlichen Frequenz.

Schritt 3 – Der Weg ist das Ziel

Ziele können Deinen Erfolg unterstützen, ihn aber auch vollkommen blockieren. Es gibt viele erfolgreiche Menschen, die zukunftsorientierte Visionen nutzen, um ihre Handlungsfähigkeit zu steigern. Dahingegen gibt es allerdings auch jene, die sich dadurch zu stark unter Druck setzen.

Wie ist das bei Dir? Motivieren Dich Ziele über die gesamte Distanz, auch durchzuhalten, wenn es mal schwierig wird? Tun Dir Deine Ziele gut oder lösen sie in Dir Unruhe und Hektik aus?

Stell Dir mal vor, Du möchtest in Barcelona Urlaub machen. Du setzt Dich in eine Maschine, die Dich innerhalb von 5 Sekunden an den Strand beamt. Spannende Vorstellung oder? Genauso setzen sich die meisten Menschen ihre Ziele. Sie haben bewusst oder unbewusst die Erwartung, dass alles schnell und sofort funktionieren muss. Gerade bei großen Wünschen oder Träumen hat man jedoch nicht immer so eine Wundermaschine bei sich. Daher kann es erforderlich sein, sich in ein Auto zu setzen und loszufahren. Und dabei wird auch nicht alles glatt laufen. Es kann Staus geben, die Klimaanlage kann ausfallen, man landet in einer Polizeikontrolle an der

Grenze oder wird unterwegs müde und braucht eine längere Pause. Wenn Du dabei die ganze Zeit Dein Ziel vor Augen hast, kann das frustrierend sein. Viel lieber wärst Du schon längst dort, aber Du fühlst Dich vom Leben ausgebremst.

Genau aus diesem Grund habe ich mir angewöhnt, mein Ziel zwar in Erinnerung zu behalten, jedoch den Hauptfokus dem Weg zu schenken. Dabei genieße ich alles, was mir begegnet. Im Stau kann ich mir die Landschaft anschauen. Bei der defekten Klimaanlage freue ich mich über den frischen Windzug, weil ich die Fenster öffne. Während der Grenzkontrolle lerne ich freundliche Menschen kennen und sobald ich müde werde, freue ich mich auf eine Cappuccino-Pause. Man kann einiges erleben, sieht fantastische Orte und Landschaften. Für viele wäre eine solche Fahrt Stress, während ich es als pures Abenteuer empfinden würde.

Mein oberstes Ziel ist es, stets in meiner höchsten Frequenz zu schwingen, und zwar in der bedingungslosen Liebe. In diesem wunderbaren Gefühl bin ich zu Außergewöhnlichem imstande. Wenn Du es schaffst, jeden Umstand, jede Kritik und jeden Fehltritt bedingungslos zu akzeptieren und anzunehmen, steht Deinem Erfolg nichts im Wege. Der Glaube daran, dass sämtliche Ereignisse geschehen, um Dir zu helfen, kann Dir die Zuversicht schenken, dass sich alles zum höchsten Wohle entwickeln wird. Je mehr Du den Faktor Zeit und Deine Ungeduld in die Ruhe bringst, umso schneller ist das erwünschte Resultat Teil Deiner Realität.

Und was ist, wenn Du jetzt sagst: „Hey Heike, Deine

Impulse sind super. Meine Ungeduld ist jedoch ein essenzieller Faktor dafür, dass ich meine Ziele bisher immer erreicht habe. Muss ich mir diese nun abgewöhnen, um noch erfolgreicher zu sein?"

Natürlich nicht! Du allein entscheidest, was Dir guttut und was nicht. Meine Ungeduld versperrt mir die Sicht. Wenn das bei Dir anders ist, gratuliere ich Dir herzlichst, weil dies für Dich möglicherweise eine fantastische Fähigkeit ist. Im Endeffekt spüren wir genau, was uns guttut und was nicht.

„Das Leben ist ein Abenteuer. Manchmal verändern sich Ziele und manchmal auch der Weg zum Ziel."

Schritt 4 – Vertraue dem Leben und Deiner Intuition

Sobald es Dir gelungen ist, ruhiger zu sein, Dich reich zu fühlen und den Weg zu Deinen Zielen genießen zu können, geht es zum vierten Schritt. Es ist nun Zeit, Dich noch mehr auf Deine Intuition einzulassen.

Dazu habe ich vorab mal zwei Fragen an Dich:

- Kennst Du das Gefühl, dass Du etwas weißt, es jedoch nicht erklären kannst?
- Hast Du schon mal an jemanden gedacht, und diese Person rief Dich dann an oder begegnete Dir?

Hinter solchen oder ähnlichen Ereignissen steckt oft eine besondere Fähigkeit: Es ist die Intuition. In vielen Untersuchungen weltweit hat man herausgefunden, dass Menschen, die ihre Entscheidungen überwiegend intuitiv treffen, glücklicher und optimistischer sind. Ich für meinen Teil kann das bestätigen.

„Die Intuition ist das, was Dein Körper als richtig empfindet, ohne dass Du es mit Deinem Verstand erklären kannst."

Früher hatte ich eine übermäßig große Vorstellung von dem menschlichen Gehirn. Zu dieser Zeit war ich mir sicher, dass zwischen den Ohren die absolute Schaltzentrale liegt. Heute sehe ich das vollkommen anders.

Für die meisten Menschen braucht es Belege und Beweise, damit sie handeln. Sie müssen alles mit ihrem Verstand begriffen haben. Das liegt oft an ihrem mangelnden Selbstvertrauen. Ich gehe immer davon aus, dass ich weiß, was zu tun ist und spüre dabei, was für mich richtig ist. Kinder tun das auch. Wenn sie spielen, wissen sie genau, welche Figur wo steht, was sie sagt, was sie denkt und wo sie hingeht. Ein Kind macht einfach. Es schreibt nicht erst ein Drehbuch, sondern steckt in jeder Figur auf seinem Spielfeld drin und weiß exakt, was die nächsten Spielzüge sind.

Das bedeutet: „Hirn aus, Herz an".

Wenn Du etwas tust und Dich fragt jemand, was Du machst, solltest Du hellhörig werden. Erklärst, begründest oder rechtfertigst Du Dein Tun, bist Du nicht mehr in Deinem Herzen. Die Erklärung kann in der Regel nur aus dem Verstand kommen. Das ist auch völlig in Ordnung. Mache Dir nur bewusst, dass Du in diesem Moment nicht mehr intuitiv bist. Möchtest Du dem entgegenwirken, antwortest Du einfach:

- Das fühlt sich gut an.
- Mir ist gerade danach.
- Da habe ich jetzt Freude dran.
- Ich denke mir nichts dabei.

Dadurch, dass Du in der Gegenwartsform über Deine Gefühle sprichst, gelangen die Informationen nicht so schnell in den Kopf. Du bleibst dann weiterhin mit Deiner Intuition verbunden.

Tatsächlich gibt es aber auch Situationen, in denen Du vollkommen bei Dir bist und Deinem Bauchgefühl folgst, während jemand folgende oder ähnliche Sätze zu Dir sagt:

- Das solltest Du aber anders machen.
- Das passt nicht zu Dir.
- Scheinbar bist Du Dir Deiner Sache nicht sicher.
- Wenn Du nicht weißt, wieso Du das tust, dann wird das nichts.
- Du kannst das nicht.

Solche Äußerungen können wie ein Dolchstoß ins Herz sein. Mit einem Satz wird man aus seiner Mitte gerissen und fühlt sich wie ein kleines, dummes, wertloses und unfähiges Wesen. Würden wir an dieser Stelle Monopoly spielen, wäre mein Tipp:

„Gehe zurück auf Los und ziehe keine 4.000 € ein. Du bist auf dem Weg zu Deinem Ziel angekommen."

Gehe somit einen Schritt zurück und mache Dir bewusst, dass sich gerade etwas gezeigt hat, was Dich herausfordert.

Als ich damals das Unternehmen meiner Eltern übernehmen wollte, gab es Menschen, die mich belächelten. Sie sagten: „Heike, Du doch nicht. Was glaubst Du denn, wer Du bist? Wie willst Du das denn schaffen?" In diesem Moment war ich fertig. Ich habe meine Träume platzen gesehen. Schließlich bin ich zu einer guten Freundin gegangen, um ihr davon zu erzählen. Sie sagte zu mir: „Lass die reden. Wenn nicht Du Heike, wer dann?“ Ich wusste genau, mit wem ich sprechen musste und was ich brauchte, um mich mental wieder aufzubauen. Und das war wichtig. Hast Du auch so ein Rezept für Dich? Was tust Du, wenn eine fette Keule Dich umhaut? Stehst Du wieder auf? Es gibt Momente im Leben, in denen es einen in eine Million Teile zerlegt. Wie sortierst Du Deine Puzzleteile, sodass Du an der Stelle weitermachen kannst, an der Du vor dieser Herausforderung aufgehört hast?

Mache Dir einen Spaß daraus. Gehe spielerisch an die Sache heran. Sage Dir: „Herzlich Willkommen im Leben. Ich befinde mich auf meinem Weg.“ Fange an, solche Situationen zu feiern. Jemand, der Dich so stark triggern kann, hat förmlich in Dein Unterbewusstsein gegriffen und etwas hervorgeholt, was Du sehr gut gedeckelt hast. Dieser Mensch hat Dir etwas gezeigt, worauf Du bisher keine Zugriffsmöglichkeiten hattest. Und genau in diesem Moment kannst Du es Dir ansehen, hineinspüren und eine Entscheidung treffen. Entweder machst Du weiter, wie bisher oder Du entwickelst einen gelasseneren Bezug dazu. Aus diesen Situationen kannst Du sehr viel lernen. Mache Dir bewusst, was in diesem Moment passiert. War es einfach nur eine Provokation? Stellst Du Dein Ziel infrage? Oder brauchst Du vielleicht wirklich Unterstützung und hast das bisher nicht gesehen? Verbinde Dich wieder mit Deiner Intuition.

Genauso ist es, wenn eine bedeutende Entscheidung ansteht. Glaubst Du, diese treffen zu können, ohne auch nur eine einzige Person nach Ihrer Meinung zu fragen?

Löst diese Vorstellung flaues Unwohlsein in Dir aus oder kribbelige Freude?

Um Deine Intuition mit vollem Potenzial zu nutzen, brauchst Du ein gesundes und freundschaftliches Verhältnis zu Dir selbst. Dadurch bekommst Du ein stärkeres Selbstvertrauen, gehst zuversichtlicher mit Deinen Zielen um und triffst leichter Entscheidungen, ohne darüber nachzudenken. Denn es ist doch so:

„Du weißt immer, was zu tun ist.“

Schritt 5 – Transformiere störende Einflüsse

Wenn ein Mensch seine Wünsche, Träume und Ziele nicht erreicht, liegt das oft an störenden Einflüssen. Diese ausfindig zu machen und zu eliminieren ist der 5. Schritt.

An dieser Stelle sei gesagt, dass jeder seine individuellen, störenden Einflüsse hat. Der Eine funktioniert einwandfrei, wenn er unter Druck arbeitet und ein Anderer wird durch Druck extrem belastet. Genauso ist es mit unvorhergesehenen Lebensumständen. Manche nehmen diese Veränderung als Chance wahr, während andere sich in einem Drama befinden.

Wenn Du mal in Deine Vergangenheit zurückblickst – was waren dort die störenden Einflüsse, die Dich an Deinem großen Erfolg gehindert haben? War es Deine innere Stimme oder eine Gewohnheit? Hattest Du Schwierigkeiten, das Leben einfach mal laufen zu lassen? Wolltest Du etwas kontrollieren? Kamen Ängste oder kreisende Gedanken auf, vor dem Neuen und Unbekannten?

Was immer es ist, mache Dir bewusst, dass der Weg zu einem gelasseneren und reicheren Leben einige Veränderungen mit sich bringen wird. Manchmal sind es nur kleine Parameter. Hin und wieder kann es auch erforderlich sein, das ganze Leben auf den Kopf zu stellen. Die Blockade, vor der die meisten Menschen kapitulieren, ist, dass sie die Lösung außerhalb von sich suchen. In den seltensten Fällen ist das sinnvoll, denn oft liegt es an der Haltung zu den äußeren Umständen. Veränderst Du Deine Einstellung, wirst Du andere Resultate erzielen.

Wenn Du nicht die richtigen Kunden hast, Dein Partner nicht ehrlich zu Dir ist, Du Dich von Wettbewerbern ausgebremst fühlst oder Dir die Zeit fehlt, um Dich mit Deinem Erfolg zu beschäftigen, kannst Du Dir einer Sache vollkommen sicher sein. Du hast das mit Deiner Haltung, Deinen Gedanken, Gefühlen, Emotionen und Entscheidungen geschaffen. Das ist immer so. Viele Menschen würden an dieser Stelle jammern, sich andere Kunden suchen, sich vom Partner trennen, das Geschäftsfeld wechseln oder unnötige Überstunden machen. Das ist viel zu stressig. Wenn Du etwas hast, was Dich auf Deinem Weg ausbremst oder stört, transformiere es zunächst in Dir.
Stell Dir die perfekten Kunden, den idealen Partner, das

richtige Wettbewerbsumfeld sowie ein Leben mit viel Zeit für Dich selbst vor. Wie fühlt sich das in Dir an? Deutlich besser als die Realität, oder? Und genau mit diesem Gefühl gehst Du in die Welt. Denn dann wirst Du mit der Zeit spüren und erleben, dass sich die Umstände automatisch verändern.

Sobald Du einem Problem oder Hindernis negative Energie entgegenbringst, verstärkst Du es. Akzeptiere unangenehme Begegnungen oder Meinungen und gebe niemandem die Macht, Deine Handlungsfähigkeit zu senken.

„Mache einen fetten Klecks Liebe auf die Situation, die Dich besonders fordert."

Was viele nicht wissen ist, dass die Veränderung der eigenen Frequenz eine kraftvolle Wirkung hat. Auf der einen Seite ziehst Du Menschen und Möglichkeiten an, die in der gleichen Schwingung sind, wie Du. Das ist fantastisch. Auf der anderen Seite stößt Du automatisch unpassende Schwingungsfelder ab. Das bedeutet, es wird Personen geben, die Deine neue Energie nicht ertragen können. Sie versuchen, Dich wieder in Deine alte Frequenz zu bringen. Das ist völlig normal und keineswegs böse gemeint. Wir sprechen hier von einem Wunder der Natur. Nimm es einfach wahr, schmunzle und denke Dir: „Da ist es wieder." Mache Dir bewusst, dass störende Einflüsse nur existieren, wenn Du Dich mit ihnen identifizierst.

Ich gebe Dir zum Verständnis ein Beispiel an die Hand: *Angenommen Du hast eine neue Idee tief in Deinem Herzen verankert und trägst sie nach außen. Was passiert zuerst? Natürlich – Du bekommst Gegenwind. Vielleicht sagt jemand: „Das funktioniert nicht. Das wird nichts. Das passt nicht zu Dir. Was glaubst Du, wer Du bist?"*
Eine gesunde, Dir dienliche, innere Haltung wird Dir Mut zusprechen und Dich motivieren, um zu zeigen, aus welchem Holz du geschnitzt bist.

Eine destruktive Haltung redet Dir hingegen ein, dass es an der Zeit ist, aufzugeben und Deine Pläne über Bord zu werfen. Sie will Dich zurück in die alte Frequenz bringen. Doch welche dieser beiden Stimmen hat nun Recht? Es ist die, für die Du Dich entscheidest! Du alleine wählst aus, wie Du Dich fühlst und wie Du mit äußeren Einflüssen umgehst.

Eliminiere störende Einflüsse somit dadurch, dass Du Deine innere Haltung in eine positive Schwingung bringst. Mehr gibt es nicht zu tun.

Schritt 6 – Strahle den Reichtum aus, den Du Dir wünschst

Sobald Du es geschafft hast, die ersten 5 Schritte umzusetzen, wird es ein Kinderspiel für Dich sein, mehr Gelassenheit und Reichtum auszustrahlen. Denn dann bist Du bereits gelassen und reich.

Dennoch würde ich gerne etwas tiefer mit Dir gehen. Schließlich gibt es nichts Schöneres, als die Persönlichkeit auszustrahlen, die man tatsächlich ist. Mal angenommen Du kannst frei wählen, wer Du bist und wie Dein Leben verläuft, wie würde Deine Vorstellung aussehen? Hast Du in Dir bereits eine Vision von Deinem zukünftigen „Ich“ kreiert? Wenn nicht, dann erschaffe dieses Bild!

Stell Dir mal Deine Zukunft vor und beantworte die folgenden Fragen für Dich:

- Wer bist Du, wenn Du all die Reichtümer und all den Luxus in Deinem Leben hast, den Du Dir wünschst?
- Wie verhältst Du Dich grundsätzlich?
- Wie gehst Du mit Menschen um, die Du kennst?
- Wie gehst Du mit Menschen um, die Dir fremd sind?
- Wo bist Du, wenn Du das Gefühl hast: „Ich bin angekommen“?
- Mit wem verbringst Du Deine Zeit?
- Was für eine Strahlkraft hast Du auf andere Menschen?

- Wie energetisch wirkst Du auf andere?
- Was genau tust Du, um diese Welt zu einem schöneren Ort zu machen?

Alleine durch die Beantwortung dieser Fragen und Deiner intensiven Vorstellung, hast Du bereits Deine innere Haltung und Deine Frequenz für einen kleinen Moment auf eine wundervolle Zukunft ausgerichtet. Wenn Du mit dem gleichen Gefühl in die Welt hinaus gehst und dabei beständig bist, wird sich alles im Außen danach ausrichten.

Lass uns noch einen Schritt weitergehen. Überprüfe mal, ob die Art, wie Du Dich aktuell gibst, kleidest, sprichst, fühlst und verhältst, zu Deiner eben erstellten Vision passt. Wenn nein, was kannst Du aktiv anpassen, um Dich Deinem persönlichen Idealbild immer weiter zu nähern?

Habe keine Berührungsängste mit Deinen Zielen, sondern Freude und Leichtigkeit. Was auch immer Du haben oder sein willst, informiere Dich darüber, wie Du dieser Sache näherkommen könntest.

Das Gleiche tue ich auch jeden Tag. Zum Beispiel bin ich ein Sportwagen-Fan. Vor einiger Zeit habe ich mir auf der Internetseite eines bekannten Herstellers mein Wunschfahrzeug konfiguriert. Das war total schön. Dabei wurde ich durch einige Fragen geführt. Ich wählte die Farbe, die Sitze, die Ausstattung, viele weitere Details und die Motorisierung. Dann kam ein Bild von meinem Traumwagen. Ich war hin und weg. Es fühlte sich an als hätte ich ihn bereits. Intuitiv habe ich dann auf den „Senden-Button“ geklickt. Damit ging meine Konfiguration an den Kundenservice.

Am nächsten Tag rief mich ein netter Herr an und lud mich ein, dass wir mal gemeinsam über das Auto sprechen. Er bot mir an, dass ich einen fast gleichen Flitzer mal über das Wochenende mitnehmen konnte. Ich war fasziniert und nahm das Angebot an.
An jenen Tagen stellte ich fest, dass ich eher für ein anderes Auto gemacht bin, und lehnte einen Kauf ab. Dennoch bekomme ich in regelmäßigen Abständen immer mal wieder die Möglichkeit, neue Fahrzeugvarianten über ein Wochenende zu testen. Ist das nicht genial?

Mein Erlebnis kannst Du auf alle anderen Dinge im Leben übertragen. Du wünschst Dir eine Villa auf Mallorca? Dann flieg doch einfach mal hin und schaue, was der Immobilienmarkt Schönes anzubieten hat. Lasse Dich von diversen Maklern herumführen und beraten. Ist es Dein Traum auszuwandern? Dann schwing Dich in einen Flieger und schaue Dir verschiedene Länder und Kulturen an. Vielleicht buchst Du Dich bei einer privaten Familie ein, um die Luft des Lebens dort schnuppern zu können. Vieles, was Du willst, kannst Du vorher testen.
Fühle Dich dabei bereits so, als wärst Du der Mensch, der Du sein möchtest und strahle es auch aus.

Schritt 7 – Kröne Selbstverständlichkeit mit Dankbarkeit

Viele Menschen bringen Selbstverständlichkeit zum einen mit Fülle und gleichzeitig mit Unbedeutsamkeit in Verbindung. Ebenso sind sie oft erst dankbar, sobald etwas nicht mehr selbstverständlich ist. Das ist normal und verrückt zugleich. Früher habe ich diese Art zu Denken nicht verstanden. Das liegt daran, dass es für mich nie einen Sinn ergeben hat. Denn aus meiner Sicht müsste es umgekehrt sein.

Lass uns das mal an einem Beispiel anschauen.

Lisa ist in einer Familie aufgewachsen, die viel Geld hat. Es war für sie selbstverständlich im Alter von 18 Jahren eine Eigentumswohnung zu haben. Sie war keineswegs dankbar dafür, weil es für sie nichts Besonderes war. Lisa hatte aber auch viele Jahre eine schwere Augenkrankheit und konnte erst nach drei Operationen und einer speziellen Sehhilfe ein normales Leben führen. Dafür ist sie Jahre später noch extrem dankbar.

Was fällt Dir auf?

An der Stelle, wo Fülle vorhanden war, entstand bei Lisa eine Selbstverständlichkeit. Dort, wo ein jahrelanger Mangel beseitigt wurde, entwickelte sich Dankbarkeit. Für mich ist das vollkommen verdreht. Ich betrachte alles als selbstverständlich und bin gleichzeitig ewig dankbar. Das Wasser aus meiner Leitung ist eine Selbstverständlichkeit. Und deshalb fühle ich Dankbarkeit. Verstehst Du den Unterschied? Wenn ich Lisa gewesen wäre, hätte ich die Eigentumswohnung als normal empfunden und wäre gleichzeitig sehr dankbar gewesen. Hätte ich diese Augenkrankheit gehabt, wäre es für mich eine Selbstverständlichkeit gewesen, dass es dafür eine fantastische Heilungsmethode gibt. In diesem Zusammenhang hätte ich ebenso pure Dankbarkeit verspürt. Das ist in meinen Augen die Wertschätzung demgegenüber, was bereits da ist und dem, was noch kommen mag. Mit dieser Haltung entsteht ganz gelassen mehr Reichtum in Deinem Leben.

Verbinde Selbstverständlichkeit und Dankbarkeit zu einer Einheit.

Doch was machst Du, wenn Du Deinen Reichtum als selbstverständlich empfindest, jedoch Schwierigkeiten damit hast, das Gefühl der Dankbarkeit mit allen Sinnen zu erleben?

In diesem Fall lade ich Dich herzlich ein, Dich intensiv mit den Übungen im dritten Teil des Buches zu beschäftigen. Sie werden Dir helfen, Deine Gedanken, Gefühle und Emotionen in die richtigen Bahnen zu lenken.

„Kröne Selbstverständlichkeit mit Dankbarkeit. Es gibt keine größere Wertschätzung für das, was jetzt schon da ist.“

Schritt 8 – Ziehe Geld durch Liebe und Begeisterung in Dein Leben

Die meisten Menschen glauben, dass man Geld durch harte Arbeit in sein Leben zieht. Tatsächlich ist das auch möglich. Die Frage ist nur, ob man das möchte. Ich bevorzuge Reichtum durch Gelassenheit und deshalb favorisiere ich einen anderen Weg. Mein finanzieller Erfolg entsteht ausschließlich aus Liebe und Begeisterung zu dem, was ich tue.

Es ist wissenschaftlich mehrfach nachgewiesen, dass Lerninhalte leichter in das Bewusstsein gelangen und länger in Erinnerung bleiben, wenn wir uns für das Gelernte begeistern können. Und diese Erkenntnis lässt sich auf die eigenen Finanzen übertragen. Sobald Du etwas liebst und gerne tust, musst Du Dich nicht dazu zwingen, in Bewegung zu kommen und Geld in Dein Leben zu ziehen. Du tust es einfach und das, ohne sofort eine Gegenleistung einzufordern – einzig und allein aus dem Grund, weil es Dich von innen heraus erfüllt.

Reich zu sein bedeutet für mich auch, das zu tun, was ich liebe. In unserer Gesellschaft ist es weit verbreitet, dass Besitztümer den Wohlstand definieren. Doch kann man das wirklich Reichtum nennen, wenn man alles hat, was man sich wünscht, jedoch unglücklich ist? In meiner Welt definitiv nicht. Sobald ich ein Projekt beginne, gehe ich direkt mit der höchsten Frequenz an die Aufgaben und erledige sie mit Begeisterung.

Solange Du überzeugt bist, von dem, was Du tust und es Dir zusätzlich Freude schenkt, wirst Du automatisch erfolgreich und schlussfolgernd auch reich. Es ist wirklich so leicht. Herausfordernd ist es, im Vertrauen zu bleiben und Geduld zu bewahren, bis sich erkenntliche Resultate zeigen. In dieser Phase sind wir besonders anfällig, unseren Selbstzweifeln zu verfallen und genau darauf gilt es zu achten. Sobald Dir ein destruktiver Gedanke dieser Art zu nahekommt, hast Du die Wahl, ihn direkt durch Liebe und Zuversicht zu ersetzen.

Wenn Du in Dir den Wunsch hegst, gelassener und reicher zu werden, tust Du das doch aus dem Grund, Dir und den Menschen, die Du liebst, ein besseres Leben zu ermöglichen. Oder? Welcher Aufwand wäre an dieser Stelle zu anspruchsvoll, wenn Du es wirklich ernst meinst?

Der Aufbau von finanziellem Reichtum erfordert Liebe, Begeisterung und Engagement. Mehr nicht.

„Geld fließt zu Dir, wenn Du es für möglich hältst.“

Schritt 9 – Genieße den Moment

Genuss ist für mich die schönste Form des „Nichtstuns“. Man gibt sich die Zeit, die Möglichkeit und den Raum, zu genießen, was gerade da ist. Und so lebe ich jeden Tag. Selbst in schwierigen Situationen schaue ich nie weg, bevor ich nicht etwas wahrgenommen habe, was ich genießen kann.

Manch einer könnte bei dem Satz „genieße den Moment“ denken: „Die Heike hat gut reden. Bei mir ist in diesem Moment die Hölle los. Was soll ich dabei genießen?“ Daher sollten wir uns mal darüber austauschen, was damit gemeint ist. Viele Menschen sind gedanklich sehr häufig in der Vergangenheit oder in der Zukunft. Die Gegenwart hingegen ist „JETZT“. Und davon spreche ich, wenn es um den Moment geht.

Beobachte doch mal Tiere. Sie sind für mich die Könige der Gegenwart, da sie gar nicht anders können, als „im Moment“ zu sein. Sie denken nicht: „Oh Gott, das Herrchen hat mir gestern wieder keine Wurst gegeben. Wird er mir wohl morgen wieder eine geben?“ Ein Hund beispielsweise liegt in seinem Körbchen oder auf seiner Decke und schläft einfach. Wenn es etwas zu Futtern gibt, springt er auf und ist zu 100% bei seiner Mahlzeit. Kommt das Herrchen nachmittags nach Hause, freut der Hund sich und ist dabei vollkommen im „Hier und Jetzt“. Es gibt keine Gedanken an die Vergangenheit und ebenso nicht an die Zukunft.

Der Moment ist das Eine. Genuss das Andere.

Genießen zu können, fällt nicht jedem Menschen leicht. Wenn Du vergessen haben solltest, wie man wieder in den Genuss des Lebens kommt, erinnere Dich daran, was Dir guttut. Gehe auf Spurensuche. Vielleicht magst Du Badewasser mit Rosenöl, Cappuccino mit Zimt, Musik, die Sonnenstrahlen auf der Haut oder Vanilleeis, wenn es in Deinem Mund schmilzt. Finde es heraus und erinnere Dich an das damit verbundene Genussgefühl. Spüre hinein und lass es durch Deinen Körper ziehen.

Wenn Dir das gelingt, ist es zudem wichtig, dass Du auch in Zukunft den Reichtum genießt, den Du Dir aufbaust. Denn das ist eigentlich das Schönste daran.

Schritt 10 – Kreiere ein lebenslanges Wachstum

Wachstum ist ein Konzept der Natur. Wenn Du Dir eine Pflanze ansiehst, kannst Du fast täglich beobachten, dass sie immer ein Stück weiterwächst. In der Natur gibt es keinen Stillstand. Entweder wächst etwas oder es stirbt.

Ich denke, dass wir dauerhaft am Kreieren sind. Wenn Du im Mangel lebst, kreierst Du weiteren Mangel. Fühlst Du Dich hingegen reich und wohlhabend, kreierst Du durch Deine Frequenzen weiteren Wohlstand. Alles wächst immer in die Richtung, in die Du blickst. Die Energie folgt Deinem Fokus.

Wenn Du die Schritte 1 bis 9 in Dein Leben integrierst, musst Du Dir um ein lebenslanges Wachstum keine Gedanken machen. Sobald Du ruhig und gelassen bist, kannst Du mehr auf Dein Gefühl achten, den Weg zum Ziel mehr genießen und Deine Intuition besser wahrnehmen. Dann wird es sofort einfacher, störende Einflüsse aus dem Leben zu eliminieren, den gelebten Reichtum auszustrahlen und dankbar zu sein für das, was Du hast. Schließlich eröffnen sich dann Möglichkeiten, auf liebevollem Weg mehr Geld in Dein Leben zu ziehen und die Gegenwart in einer höheren Frequenz zu genießen.

In meinen Coachingprogrammen helfe ich Menschen genau auf diesem Weg. Ich zeige den Klient:innen exakt, wie diese 10 Schritte mit Leichtigkeit in Fleisch und Blut übergehen, sodass der Reichtum sich auf den Weg machen kann.

Wenn Du gerne mehr darüber erfahren möchtest, kannst Du Dich unter folgendem Link informieren:

https://www.wolfangel-academy.de

Mein Geschenk an Dich

Solltest Du Dir das Workbook und das Audioprogramm noch nicht heruntergeladen haben, empfehle ich Dir das jetzt zu tun. Dadurch kannst Du den größtmöglichen Nutzen aus dem gesamten Prozess ziehen.

Unter folgendem Link erhältst Du die
Produkte kostenfrei.

https://www.wolfangel-academy.de/buch-reichtum-download

Teil 3 – Die goldene Schatzkiste

Wenn Du jetzt an dieser Stelle angekommen bist, hast Du bereits einige spannende Dinge erfahren. Du weißt, wie Reichtum entsteht, hast den Selbsttest absolviert und kennst die Gedanken, Gefühle und Handlungsweisen reicher Menschen. Zudem hast Du einen detaillierten Einblick in die 10 Schritte bekommen, welche Dich gelassener und wohlhabender machen können. Somit bist Du an einem großen Meilenstein angekommen.

Herzlichen Glückwunsch

Nun müssen wir aber auch der Wahrheit in die Augen schauen. Strategien und Vorgehensweisen sind nur so gut, wie sie umgesetzt werden. Das bedeutet im Klartext: Das ganze Wissen ist wertlos, wenn darauf keine Aktionen folgen.

Sobald Du jetzt die Entscheidung triffst, Dein Leben schöner, wertvoller, reicher und glücklicher zu gestalten, wirst Du etwas feststellen. Es entstehen Momente und Situationen, in denen Du mit Deinen alten Gewohnheiten konfrontiert wirst. Vielleicht bemerkst Du, dass Du gerne gelassener wärst, weißt aber nicht wie. Oder Du suchst die Verbindung zu Deiner Intuition, doch die Gedanken hören nicht auf, sich im Kreis zu drehen. Es kann auch sein, dass Du dem Leben gerne mehr vertrauen würdest, jedoch die Erfahrung machst, dass Du weiterhin zweifelst und alles kontrollieren möchtest.

Aus den Erlebnissen mit vielen Klienten und Klientinnen weiß ich, dass das völlig normal ist. Das gehört zu dem Prozess dazu. Daher bitte ich Dich, an keiner Stelle den Kopf in den Sand zu stecken oder zu glauben: „Das funktioniert bei mir nicht". Du kannst darauf vertrauen, dass Deine Veränderung mit dem Moment in Gang gesetzt wurde, als Du Dich für dieses Buch entschieden hast.

Damit es Dir noch einfacher fällt, mit solchen Situationen umzugehen, erhältst Du jetzt meine goldene Schatzkiste für maximale Gelassenheit und Wohlstand. Hierbei handelt es sich um sehr wirksame Methoden und Übungen, die Du jederzeit in Deinen Alltag einbauen kannst. Betrachte es gerne wie ein Buffet. Du darfst Dir all das nehmen, was zu Dir passt. Habe nicht den Anspruch alles perfekt beherrschen zu wollen. Gehe mit einer spielerischen Leichtigkeit vor.

Manche Menschen glauben, sie müssten alle 15 Übungen sofort in ihr Leben integrieren, weil sie sonst niemals gelassener und reicher werden. Sollte ein solcher Gedanke durch Dich hindurchziehen, lass ihn los. Manchmal reicht eine Erkenntnis oder eine Übung aus, um alles in seinem Leben in einem neuen Licht erscheinen zu lassen. Denn oft liegt es nur an der eigenen Wahrnehmung. Und die ist veränderbar, wenn man erkannt hat, dass man unter Druck steht und gleichzeitig bereit ist, seine Frequenz zu wechseln.

Ich persönlich liebe diese Schatzkiste. Alle Übungen sind einfach, leicht und haben eine unfassbar große Wirkung. Daher freue ich mich schon jetzt darauf, was sie mit Dir machen werden, wenn Du sie durchführst und in Dein Leben integrierst.

Ich wünsche Dir viel Freude und wundervolle Erkenntnisse.

1. Gelassenheit auf Knopfdruck

Vielleicht kennst Du auch Situationen, in denen Du spürst, dass Du gerne gelassener wärst. Doch dann stellst Du fest, dass es gar nicht so einfach ist, abzuschalten. In der folgenden Übung kommt einiges von den Dingen zusammen, die Du bisher in diesem Buch gelernt hast. Du veränderst Deine Frequenz von „aufgewühlt und gestresst" in „gelassen und geliebt". Durch mehrfache Wiederholung sorgst Du dafür, dass Dein Unterbewusstsein dies in Zukunft sogar völlig automatisch macht. Genauso, wie Du jetzt aus Deiner Gewohnheit heraus vielleicht eine noch nicht optimale Schwingung aussendest.

Diese Übung kannst Du für vergangene, aber auch akute Situationen verwenden, die Dich emotional belasten oder stressen.

Stell Dir mal vor, Du gehst in einen großen Kinosaal. Du bist alleine und suchst Dir einen Platz aus, auf dem Du es Dir bequem machst. Die Vorhänge vor der Leinwand sind geschlossen und Du erinnerst Dich an eine vergangene Situation, in der Du alles andere als gelassen reagiert hast. Vielleicht warst Du wütend, aufgebracht, schockiert oder ängstlich. Alternativ kannst Du auch ein akutes Ereignis wählen, welches Dich derzeit aufwühlt. Stelle es Dir so intensiv wie möglich vor und lass das negative Gefühl für circa 10 Sekunden da sein. Versuche es nicht zu verändern oder wegzumachen.

Wenn Du vollkommen in dieser Vorstellung bist, kannst Du beobachten, wie sich das Licht im Saal abdunkelt, die Vorhänge an die Seite fahren und genau diese Szene im

Großformat auf der Leinwand erscheint. Spüre nun in Dich hinein und erforsche, wie es sich anfühlt, wenn Du Dir das für weitere fünf Sekunden ansiehst.

Anschließend stellst Du Dir vor, wie sich die Vorhänge vor der Leinwand erst wieder schließen und dann langsam erneut öffnen. Nun erscheint eine Szene aus Deiner Vergangenheit, in der Du Dich wohl, geliebt und fantastisch gefühlt hast. Stelle es Dir so intensiv wie nur möglich vor, damit Du dieses angenehme Gefühl wieder spürst. Genieße es für ein bis zwei Minuten.

Dann entdeckst Du auf dem Sitz neben Dir eine Fernbedienung. Sie hat zwei Tasten. Auf der einen steht „Horror" und auf der anderen „Liebe". Per Knopfdruck kannst Du zwischen den beiden Ereignissen wechseln. Schaue Dir die negative Szene wieder für fünf Sekunden an und dann für circa eine Minute die positive. Wenn Du diesen letzten Vorgang mehrfach wiederholst, wirst Du wahrnehmen, dass sich das negative Gefühl nicht mehr so stark abrufen lässt. Du kannst Dir die Horrorszene einfach ansehen, ohne ein schlechtes Gefühl. Cool, oder?

Wie hast Du Dich während dieses Prozesses gefühlt?

Wenn Du Dir die Zeit nimmst, diese Übung in Deinen Alltag zu integrieren, wirst Du erfahren, dass Du Dich immer wieder an die Fernbedienung erinnerst. Das ist ein Zeichen dafür, dass Dein Unterbewusstsein versteht, dass Du eine Wahlmöglichkeit hast. Irgendwann stellt sich ein Automatismus ein und sobald Du Dich gestresst fühlst, schwenkt Deine Frequenz automatisch ins Positive um.

2. Sich reich und wohlhabend fühlen können

In der ersten Übung aus meiner persönlichen Schatzkiste hast Du gelernt, wie Du auf Knopfdruck Gelassenheit empfinden kannst. Nun stellt sich die Frage: Klappt das auch mit Reichtum? Ist es möglich, sich in kurzer Zeit reich und wohlhabend zu fühlen?

Die Antwort lautet eindeutig: JA!

In der folgenden Übung lernst Du, Dich mit dem, was Du jetzt und heute hast, reich und wohlhabend zu fühlen. Viel zu oft werten wir besondere Dinge als eher unbedeutend ab. Daher ist es wichtig, das zu sehen, was bereits da ist und sich nicht auf die Aspekte zu konzentrieren, die vermeintlich fehlen.

Schließe bitte Deine Augen und lass für einen Moment den Verstand los. Mache Dich frei von jeder Bewertung und genieße den Augenblick, in dem Du wahrnehmen darfst, was in Dir hochkommt. Alle Deine Überzeugungen sind jetzt Nebensache. Es ist auch unwichtig, was gestern, letzte Woche oder vor mehreren Jahren passiert ist. Alles, was in diesem Moment zählt, ist Dein Gefühl.

Entspanne Dich und lass vollkommen los…

Beantworte Dir folgende Frage: Was bedeutet Reichtum für mich? Hole Dir dafür Eindrücke, Bilder und Visionen vor Dein geistiges Auge, die in Dir das Gefühl verursachen, wohlhabend zu sein. Stelle Dir vor, wie es ist, Dein Traumauto zu fahren, so zu leben wie Du es möchtest und mehrere Millionen Euro auf dem Konto zu haben. Wie ist es, Urlaub machen zu können, wo auch immer Du willst und in jeder x-beliebigen Entscheidung Deines Lebens die absolute Freiheit zu haben? Stelle Dir vor, wie es ist, wählen zu können. Du hast keine Verpflichtungen und bist finanziell frei. Du kannst Dir alles leisten, was auch immer Du willst.
Wie fühlt sich diese Vorstellung in Dir an? Wie verändern sich Deine Haltung und Deine Körpersprache, wenn Du diese inneren Bilder vor Dir siehst?

Wische nun alles aus Deiner Vorstellung weg und konzentriere Dich nur auf die eben produzierten Empfindungen. Nimm Dir dafür ein bis zwei Minuten Zeit. Dieses Gefühl ist es, was Du brauchst, um Dein Leben in eine wundervollere Richtung zu bewegen. Es ist Dein persönliches „Reichtumsgefühl". Daraus entsteht die Frequenz, in der Du Reichtum und Wohlstand ausstrahlst, um ihn folglich anziehen zu können. Speichere dieses Gefühl so in Dir ab, dass Du Dich in Zukunft jederzeit daran erinnern kannst.

Anschließend stellst Du Dir eine alltägliche Situation vor, die für Dich vollkommen selbstverständlich ist. Vielleicht bist Du zuhause, im Auto, bei der Arbeit oder am Essen kochen. Erinnere Dich in dieser Vorstellung wieder an Dein Reichtumsgefühl. Nimm dir dafür 10-20 Sekunden Zeit.

Und jetzt schaue Dich in Deiner inneren Erlebniswelt einmal um. Was kannst Du Schönes sehen oder erkennen? Verbinde doch mal gedanklich alles, was Du siehst, mit Deinem Reichtumsgefühl. Vielleicht auch Gegenstände, die Dir vorher gar nicht so wertvoll erschienen.

Wie fühlt sich das an?

Diese Übung kannst Du auf jeden Lebensbereich übertragen. Wenn Du beispielsweise Deinen Arbeitsplatz oder etwas anderes nicht magst, gehe einfach mit dem Gefühl des Reichtums in diese Umgebung. Was verändert sich? Gibt es irgendwas, dass Du vorher als störend empfunden hast, worin Du jetzt ein Wunder erkennen kannst?
Baue in Dir die Haltung auf, Dich mit den Dingen reich und wohlhabend zu fühlen, die bereits da sind. Rufe immer wieder das Gefühl von Reichtum in Dir hervor, gehe damit in sämtliche Situationen und sei gespannt, was passieren wird. Erkenne für Dich, was sich gut anfühlt und verstärke dieses Gefühl. Durch die regelmäßige Wiederholung entsteht eine neuronale Verknüpfung in Deinem Gehirn und es wird zu einer wundervollen Gewohnheit.

Wie hat sich diese Übung angefühlt? Wie gut ist es Dir gelungen, Dein persönliches Gefühl des Reichtums zu entdecken?

Sobald dieser Prozess Bestand Deines Alltags geworden ist, wirst Du merken, wie sich der Blick nach und nach auf das Positive richtet und Du gar nicht anders kannst, als jeden Tag für Dich zu nutzen. Alles kommt Dir auf einmal vor wie ein großes Vermögen.

3. Das magische Intuitionstraining

Vielleicht kennst Du das – Du spürst in Dir die Antwort auf eine Frage. Dabei bist Du vollkommen von der Wahrheit überzeugt, ohne dass Dir jemand von außen die Richtigkeit bestätigt. Durch Dein Gespür weißt Du bereits alles, was auf Deinem Weg wichtig für Dich ist. Doch worin unterscheiden sich Intuition und Verstand voneinander und wie kannst Du vorgehen, um den Draht zu Deiner inneren Stimme oder Weisheit wiederaufzubauen? Alles, was sich in Deinem Kopf abspielt und Dir nicht dienlich ist, hindert Dich daran, intuitiv zu leben.

Mit der folgenden Übung führe ich Dich zur Quelle Deiner Intuition. Folge mir nun mit maximalem Vertrauen durch diesen Prozess.

Lege Dir bitte einen Stift und ein Blatt Papier bereit. Ziehe senkrecht in der Mitte einen Strich. Atme kurz durch und lass all das, was heute passiert ist, für einen Moment los. Mache Dich frei von Deinen Verpflichtungen, vergiss alles, was von Dir erwartet wird und gib Dich mit geschlossenen Augen Deiner Vorstellung hin.

Stelle Dir nun eine Situation vor, die Du gerne verän-

dern würdest oder ein vergangenes Erlebnis, welches immer noch negative Gefühle in Dir verursacht. Du kannst frei wählen. Vielleicht ist es ein Konflikt aus einem früheren Lebensabschnitt, eine verpatzte Geschäftsmöglichkeit oder ein störendes Verhaltensmuster. Gehe so tief in Deine innere Erlebniswelt hinein, dass Du alle negativen Empfindungen und Gefühle genauso wahrnimmst als wären sie gegenwärtig. Wie fühlst Du Dich dabei, wenn Du Dir vorstellst, dass sich daran nichts ändern wird und alles so bleibt wie bisher?

Welche Gedanken, Gefühle und Glaubenssätze kommen in Dir hoch? Welche Überzeugungen zeigen sich Dir? Öffne Deine Augen wieder und schreibe alle Impulse auf die linke Seite Deines Papiers, solange bis Dir nichts mehr einfällt. An dieser Stelle gibt es kein richtig oder falsch.

Sieh Dir das Geschriebene an. Spüre in die Energie Deiner eigenen Worte hinein und nimm wahr, wie es sich anfühlt. Es sind die unterbewussten Gefühle, die sich permanent auf Dein Leben auswirken, auch wenn Du es gar nicht mitbekommst.

Streiche jetzt alle Sätze, die Du aufgeschrieben hast durch und ersetze sie auf der rechten Seite mit einer gegenteiligen Aussage.

Beispiele:

„Ich fühle mich nicht gesehen."	*„Ich fühle mich gesehen".*
„Ich bin wütend."	*„Ich bin gelassen."*
„Ich habe Angst."	*„Ich bin mutig."*
„Mir ist schlecht."	*„Ich fühle mich wohl."*
„Ich fühle mich eingeengt."	*„Ich fühle mich frei."*

Mache das mit jedem Satz und transformiere alle Deine negativen Impulse in solche, die Dir Freude und Glück bereiten. Auf der rechten Seite steht nun genau das, was Du Dir eigentlich wünschst. Es ist das, was sich hinter Deinen negativen Impulsen verbirgt. Wie fühlt es sich an, wenn all diese Überzeugungen in Dir schlummern?

Jetzt gibt es noch eine wichtige Information. Alles, was Du auf der rechten Seite Deines Zettels stehen hast, möchtest Du spüren, haben oder sein, weil Du das, was auf der linken Seite steht, nicht mehr willst.

Wenn man sich mehr gesehen fühlen möchte, liegt das in der Regel daran, dass man sich nicht gesehen fühlt.

An dieser Stelle befindet man sich in der Dualität und im Rahmen der eigenen Konditionierungen. Man läuft somit immer vor etwas weg. Das ist völlig in Ordnung und gehört zum Leben dazu. Wir möchten jedoch einen Schritt weitergehen und die Quelle der Intuition entdecken.

Stell Dir daher folgende Frage:
Was will ich in meinem Leben wirklich, ohne vor etwas davonzulaufen?

Immer, wenn ein Impuls kommt, stellst Du Dir die nächste Frage: Vor was laufe ich weg?

Angenommen Du willst glücklich sein, dann fliehst Du vor dem Gefühl des Unglücklich-Seins. Spannend oder?

Wenn Du alle Deine Gedanken und Impulse durchgehst, wirst Du feststellen, dass Du eigentlich nicht weißt, was Du willst. Bei manchen Menschen entsteht eine innere Leere, vielleicht auch ein großer weißer oder grauer Raum in der eigenen Vorstellung. Und das ist der Zustand, den viele nicht ertragen können. Genau hier entsteht jedoch der Zugang zur Intuition. Verweile mal etwas in diesem leeren Raum und lerne, ihn zu lieben.

In diesem Gefühl der Leere weiß Dein Unterbewusstsein nicht mehr, was es machen soll. Denn es gibt nichts zu tun. Meist laufen wir einer besseren Empfindung hinterher, um eine schwerere loszuwerden. Wenn es kein schlechtes Gefühl mehr gibt, vor dem Du „flüchten" musst, existiert auch kein anderes, welches Du jagen kannst, um es zu kompensieren. Indem Du alle Deine Wünsche hinterfragst, macht Dein Unterbewusstsein den Weg für die Intuition frei. Der leere Raum ist der Punkt, an dem Du den Zugang bekommst. Nutze diesen Zustand und folge den Impulsen, die daraus entstehen.

Vielleicht hast Du nun verstanden, welcher Schatz sich in diesem Raum befindet, sobald Du ihn zulässt. Verweile darin und werde mit der inneren Leere in Dir vertraut. Fange an, diesen Zustand zu genießen, auch wenn das anfangs etwas schwerfällt.

Gehe in Dich und stelle Dir in diesem Zustand folgende Fragen:

- *Was würde ich jetzt am liebsten tun?*
- *Woran habe ich jetzt Spaß?*

- *Was macht mich jetzt glücklich?*
- *Was lässt mein Herz jetzt höherschlagen?*
- *Was liebe ich?*

Folge genau den Impulsen, die hochkommen, ohne sie zu bewerten oder erklären zu wollen. Mache das, was Dir spontan in den Sinn kommt. Schenke Deinen Empfindungen Raum und Zeit. Genieße sie und lass Dich von ihnen erfüllen.

4. Dem Leben vertrauen lernen

Die folgende Übung ist eine Zusammenstellung der bisherigen drei Methoden, die Du bereits kennst. Im ersten Schritt hast Du gelernt, das Gefühl von Gelassenheit jederzeit in Dir abrufen zu können. Dann hast Du in Dir Dein persönliches, individuelles Reichtumsgefühl geweckt, welches Du überall um Dich herum erkennen kannst. In der letzten Übung hast Du gelernt, Deine Intuition zu aktivieren und zu nutzen. Nun geht es darum, mit diesen Tools das Vertrauen in Dein Leben zu stärken.

Dafür habe ich hier eine kleine, aber feine Beobachtungsübung:

Verbinde Dich wieder mit der Intuition und gehe in diesem Zustand durch den Alltag. Folge Deinen Impulsen, ohne sie zu bewerten, zu hinterfragen oder erklären zu wollen. Was begegnet Dir dabei alles? Wofür bist Du plötzlich empfänglich, was für Dich vorher unvorstellbar war? Wonach sehnst Du Dich, worauf Du früher nicht geachtet hast?

Ich empfehle Dir, für Deine eigene Reflexion ein Notizbuch bei Dir zu tragen, in das Du sämtliche Impulse zügig eintragen kannst. Nimm Deine Intuition mit in den Alltag und schreibe Dir alles auf, was Dir widerfährt.

Welche neuen Erfahrungen sind auf Dich zugekommen? Hat sich Deine Sicht auf die Welt verändert? Nimmst Du die Menschen in Deiner Umgebung plötzlich anders wahr? Wie stehst Du zu Deinen Vorhaben und Zielen?

Allein durch diese Vorgehensweise und innere Haltung stärkst Du Dein Vertrauen in das Leben. Du wirst feststellen, dass Du deutlich weniger Energie verbrauchst, weil Dein Denkapparat entlastet wird. Ebenso wirst Du bemerken, dass Dein inneres Navigationssystem genau weiß, was für Dich richtig ist. Es ist eine völlig andere Art, mit sich selbst zu kommunizieren.

Mache diese neue Art der Kommunikation zu einem festen Bestandteil Deines Lebens. Alle Informationen, die für Dich richtig sind, entstehen in Dir selbst.

5. Gewinne die Macht über Deine Gedanken und Gefühle

Glaubst Du, dass Du entscheiden kannst, was Du siehst, wie Du dich fühlst und dass Du die Macht hast zu wählen, wie es um Dich steht? Du bist die Herrin bzw. der Herr Deiner Wahrnehmung und nur Du allein kannst Dinge an Dich heranlassen oder Dich von ihnen distanzieren.

Mit dieser Übung kannst Du genau dieses Bewusstsein in Dir entfachen und frei entscheiden, wie Du Dich fühlst. Du übernimmst die Macht über Deine Vorstellungskraft und lernst in Zukunft Deine Gedanken und Gefühle in eine Richtung zu lenken, die Dir Freude bereitet und Dich glücklich macht.

Setze Dich hin und richte Deinen Blick auf eine Wand. Konzentriere Dich und stelle Dir eine waagrechte Linie auf dieser Wand vor. Male vor Deinem geistigen Auge an den Enden der Linie zwei weitere Linien senkrecht nach unten und verbinde diese ebenfalls miteinander, sodass ein Quadrat entsteht. Stelle Dir nun in der Mitte des Quadrates einen Kreis vor. In diesem Kreis befindet sich ein Punkt. Ziehe diesen Punkt gedanklich zu Dir und beobachte, wie daraus ein Kegel entsteht. Stell Dir nun vor, wie die Spitze des Kegels den Punkt zwischen Deinen Augen berührt. Bewege den Kegel nun imaginär nach vorne und wieder zurück. Wie fühlt sich das an?

Wiederhole diese Übung über mehrere Tage immer wieder, bis sie Dir ganz leicht von der Hand geht. Dadurch lernst Du, die Kontrolle über die eigenen Gedanken zu übernehmen. Wenn die Worte in Deinem Kopf mal keine Ruhe geben sollten, kann diese Übung wahre Wunder bewirken. Mit regelmäßiger Wiederholung vermittelst Du dem Unterbewusstsein, dass Du selbst entscheiden möchtest, was in Deinem Kopf vorgehen soll. Dadurch kannst Du immer mehr und leichter die eigenen Gedanken und Gefühle im Alltag steuern.

Idealerweise eignet sich eine Vorstellung, die Dein Unterbewusstsein noch nicht kennt. Das Kreieren abstrakter Formen, die Du so zum ersten Mal in Deiner Vorstellungskraft abrufst, übermittelt dem Unterbewusstsein die Botschaft, dass es aktuell Pause machen kann, da Du Dich mit etwas völlig Unbekanntem beschäftigst. Durch das Wiederholen etabliert sich in Dir eine neue Gewohnheit. Im Laufe der Zeit erinnerst Du Dich ganz von allein an diese Übung, sobald Deine Gedanken wieder anfangen zu kreisen. Diese Methode hebt das Gefühl von Selbstbestimmung und Macht hervor. Die Fähigkeit selbst zu entscheiden, wie Du Dich fühlst, ist bereits in Dir vorhanden.

6. Die richtigen Ziele setzen

Hast Du ein genaues Bild davon, was Du haben, sein oder erreichen möchtest? Was müsste idealerweise in Deinem Leben existieren, damit Du am Ende sagen kannst: „Das war wundervoll“?

Ich selbst liebe es, dankbar dafür zu sein, was ich habe. Um außergewöhnliche Resultate kreieren zu können, brauchst Du etwas, das Dich antreibt und zieht. Deine Ziele und Wünsche an das Leben sind es, die darüber entscheiden, ob Du das, was Du dir vorgenommen hast, auch praktisch umsetzt. In der folgenden Übung zeige ich Dir, wie Du Dir persönlich Ziele setzt, die Dich motivieren.

Lass mal folgenden Gedanken wirken: Angenommen das Leben setzt Dir keine Grenzen und alles ist möglich. Alles! Was willst Du haben, tun oder sein? Lass Deine Träume nun in Bildern vor Deinem geistigen Auge entstehen. Genieße diesen Moment.

Nun finde im Internet oder in Zeitschriften Bilder, die der Vorstellung Deiner Träume entsprechen und in Dir wunderschöne Gefühle hervorrufen. Schneide bzw. drucke sie aus und klebe sie auf ein großes Blatt oder Plakat.

Entwirf daraus eine eigene Collage, die Dir die optimalen Wunschszenen Deines Lebens widerspiegeln. Sieh Dir anschließend alles so oft an, wie es Dir guttut. Genieße regelmäßig Deine eigene Vision vom Leben.

Wichtig dabei ist, dass es sich nicht schwer anfühlt, sondern Dir maximale Freude bereitet. Es geht dabei nicht um richtig oder falsch. Schaue Dir Deine Collage an und spüre den Reichtum, der darin verborgen ist. Stell Dir vor, all das, was du entworfen hast, wäre bereits Realität. Mache Dich frei von allen Bewertungen, Überzeugungen oder Gegenargumenten, die Dich davon abhalten wollen, Deine Wünsche, Träume und Ziele zu erreichen.

Mach Dir keinen Druck, wann und ob Du diese Ziele verwirklichst. Solchen Gedanken brauchst Du keinen Raum geben. Empfinde Freude, Reichtum und erhöhe Deine Frequenz.

7. Ein wertvolles Entscheidungstraining

In einem Leben voller Glück und Lebenslust ist es erforderlich, Entscheidungen zu treffen. Doch damit tun sich viele Menschen schwer. Manche fühlen sich unter Druck gesetzt und brauchen die Meinung anderer Personen, weil sie Angst haben etwas falsch zu machen. Hast Du Dich mal gefragt, ob Du Deiner eigenen Entscheidungsfähigkeit vertrauen kannst?

Ich finde, dass Entscheidungen Spaß machen, denn sie eröffnen neue Möglichkeiten. Selbstverständlich habe ich mich früher auch nicht immer leichtgetan, die bedeutenden Entscheidungen für mein Leben leicht und fluffig zu treffen. Aus diesem Grund machte ich mir einige Techniken zu Nutze, die mir diesen Prozess erleichterten. Eine dieser Methoden knüpft stark an Deine Intuition an, daher passt sie an dieser Stelle sehr gut.

Wenn Du das nächste Mal an einem Punkt bist, an dem es darauf ankommt, eine Entscheidung zu treffen, kreierst Du vor Deinem geistigen Auge ein Pendel. Rechts und links positionierst Du jeweils Möglichkeit X und Möglichkeit Y. Nun stelle Dir in Gedanken die Frage, die es zu entscheiden gilt und lasse Dein Pendel ausschlagen. Beobachte, ob es links oder rechts seinen Platz findet. Dort, wo es schließlich hinzeigt, ist Deine optimale Entscheidung. Auch wenn Du anfangs vielleicht eine ganz andere Meinung hattest, gehe dem nach, was Dir das Pendel zeigt. Somit bringst Du Deiner Intuition wieder ein Stück Vertrauen entgegen. Je öfter Du diese Vorgehensweise nutzt und daraufhin dieser Empfehlung folgst, umso mehr eindeutige Signale wirst Du zukünftig auf Deinen Wegen erhalten.

Gerne gebe ich Dir einen weiteren praktischen Tipp mit, für den es keine Vorstellungskraft braucht.

Wenn Du das nächste Mal Essen gehst, nimm Dir vor, innerhalb von 30 Sekunden Dein Gericht auszuwählen. Nicht länger! Und das, was Du Dir ausgesucht hast, bestellst Du Dir. Beobachte gerne mal, ob es Dir schwerfällt Dich in so kurzer Zeit bei so viel Auswahl festzulegen und was das mit Dir macht. Bereust Du Deine Entscheidung, weil Du Dich fragst, ob die anderen Gerichte nicht doch besser gewesen wären? Oder sorgt es sogar für mehr Gelassenheit, da Du weniger nachdenkst?
Diese Vorgehensweise kannst Du ebenso bei allen anderen Entscheidungen verwenden.

Deine Entscheidungsfähigkeit trägt zu Deiner Lebensqualität bei. Vermeide es, Dir täglich zu viele Fragen zu stellen, denn damit überreizt Du Dein System. Vor allem dann, wenn Du alles, was du beginnst, vorher x-fach in Deinem Kopf durchdenkst. Entscheide doch mal, ohne verstehen, begründen oder rechtfertigen zu wollen. Lerne, dem Leben und Dir zu vertrauen, bleibe stets in der freudigen Erwartungshaltung und schaue, was Dein „wahres Leben“ so parat hat.

8. Das Selbstbild blitzschnell verändern

Vielleicht kennst Du auch Situationen aus Deiner Vergangenheit, in denen Du Dich klein gefühlt hast. Die meisten Menschen definieren ihr Selbstbild über Vergleiche mit anderen. Um im Leben erfolgreich zu sein, ist es wichtig, sich darüber im Klaren zu sein, wer man ist und wo man hinmöchte. Doch was tust Du, wenn Dein Selbstbild dies nicht zulässt?

Rufe Dir dafür gerne nochmal die erste Methode in Erinnerung. Hier sprachen wir über die Übung mit dem Kinosaal und die Fähigkeit, dass Du Deine Wahrnehmung wie in einem Kinofilm verändern und steuern kannst. Du entscheidest, was und wie viel Du sehen möchtest. An dieser Stelle funktioniert der Prozess ähnlich. Um Dein Selbstbild zu optimieren, ist es wichtig, mit den inneren Bildern zu arbeiten und diese gegebenenfalls zu verändern.

Gehe wieder in Dich. Denke nun an vergangene Ereignisse aus Deinem Leben. Gibt es dort Momente, in denen Du Dich klein oder schwach gefühlt hast und diese Wahrnehmung unreflektiert als Dein Selbstbild angenommen hast? Denke dabei gerne mal an Situationen mit Deinen Eltern, Geschwistern, Lehrern, Chefs, Kollegen oder

Partnern.

Wähle eine Szene, in der Du Dich besonders klein und schwach gefühlt hast. Spiele diese gedanklich wie einen Film in Deinem Kopf ab. Sobald ein unangenehmes Gefühl in Dir entsteht, schnippst Du laut mit Deinen Fingern und frierst diese Szene imaginär ein: Du kannst Dich bewegen, alle um Dich herum jedoch nicht. Und nun veränderst Du das innere Bild so, dass Du Dich wohlfühlst. Vielleicht gestaltest Du es sogar etwas lustig. Schmücke den Ort mit Blumen. Mache Deine Gesprächspartner kleiner und Dich größer. Ziehe den Beteiligten Kostüme an oder erfinde etwas anderes. Sobald Du das tust, lassen die negativen Empfindungen nach und Du kehrst zu Deinem ursprünglichen Zustand zurück. Lass die Szene schließlich weiterlaufen.

Immer wenn sich in Dir körperliche Symptome bemerkbar machen, schnippst Du wieder und frierst die Szene erneut gedanklich ein. Dabei kannst Du möglicherweise direkt spüren, wie sich die unangenehmen Empfindungen wieder beruhigen. Verändere dann gerne weitere Details, die Deine Stimmung erheitern.

Durch die regelmäßige Wiederholung dieser Übung baust Du negative Gefühle Stück für Stück in Deinem Körper ab und stärkst Dein Selbstbild.

9. Eine reiche Ausstrahlung erhalten

Meistens liegt zwischen dem, was wir gegenwärtig sind und dem, was wir gerne wären ein gewisser Abstand. Diese Distanz ist der Weg zur Veränderung, den Du mit großer Freude gehen kannst. Die folgende Methode hilft Dir dabei, eine reichere Ausstrahlung zu erhalten. Zudem ist es mit dieser Technik möglich, Dir sämtliche Eigenschaften von Menschen anzueignen, die Du bewunderst. Fühle Dich dabei absolut frei und gestalte Deine zukünftige Persönlichkeit.

Ist Dir eigentlich bewusst, dass Deine momentane Ausstrahlung eine Eigenkreation ist? Hast Du Dich schon mal gefragt, in welche Rolle Du schlüpfen würdest, wenn Du Dir das Leben einer Person Deiner Wahl aussuchen könntest? Was wäre, wenn ich Dir jetzt sagen würde, dass dies jederzeit funktioniert?

Welche Rolle würdest Du wählen, um Dich zum Beispiel kraftvoller und reicher zu fühlen und dies auch auszustrahlen?

Gehe nun wieder in Dich und stelle Dir eine Person vor, die Du gerne wärst oder von der Du gerne Eigenschaften hättest. Du kannst Dir auch ein Vorbild aussuchen, welches Du bewunderst. Verkörpere diese Person in Deiner Vorstellung so stark, bis es sich so anfühlt, als wärst Du dieser Mensch. Rede und bewege Dich genauso. Versuche, so zu denken, zu fühlen und zu handeln.

Anschließend reflektiere, was Dich von dieser Person unterscheidet. Was macht sie anders? Was könntest Du verändern, um dem Ideal näher zu kommen? Welche Haltung hat dieser Mensch gegenüber dem Leben und wie startet dieser in den Tag?

Dieses Rollenspiel kannst Du von allen Seiten und mit sämtlichen Eigenschaften spielen. Arbeite mit der Optik, den Wertvorstellungen, Verhaltensweisen, dem gesellschaftlichen Status, Beziehungsmanagement und der Karriere. Nimm Dir ein Beispiel an Personen, die bereits da sind, wo Du hinmöchtest und sieh hin, welche Merkmale besonders anziehend auf Dich wirken. Gehe in Deiner Vorstellung so weit, als wäre das, was Du willst bereits da.

Gerne kannst Du Deine Vorbilder auch genau analysieren und die Merkmale herauskristallisieren, die Dir besonders gut gefallen und ein positives Gefühl in Dir auslösen. Schlüpfe in die Rolle Deines idealen Ichs und genieße es.

10. Den Empfangsmodus einstellen

In stressigen Situationen zweifeln wir gerne alles an und übersehen die Schätze, die uns alltäglich begleiten. Das ist schade, weil uns diese Haltung die Sicht auf die unbegrenzten Möglichkeiten dieser Welt erschwert. Wir sehen folglich nur das, was uns fehlt und nicht das, was wir bereits vom Leben erhalten haben. Wie oft machst Du dir bewusst, was Du hast?

Ich kenne viele Menschen, die sich abrackern und förmlich dem Geld hinterherjagen. Ob das Sinn macht, muss jeder für sich entscheiden. Wichtig ist herauszufinden, was für einen selbst Sinn ergibt. In meiner Welt spreche ich in diesem Zusammenhang von „empfangen". Das bedeutet, mit offenen Armen das entgegenzunehmen, was das Leben Dir gibt und diese Chance dann zu ergreifen.

Damit Dir das auch gelingt, lade ich Dich mit der folgenden Übung herzlich dazu ein, die Jagd nach dem Geld einzustellen und Dich für das Empfangen zu öffnen.

Mache Dir bewusst, was Du am heutigen Tage erhalten hast. Welche Aufmerksamkeiten und Schätze hat Dir das Leben geschenkt? Erinnere Dich auch an alle Kleinigkeiten.

Beispiele:

- *Das morgendliche Wachwerden*
- *Der morgendliche Tee oder Kaffee*
- *Die warme Decke auf dem Sofa*
- *Die frische Luft auf dem Balkon oder der Terrasse*
- *Das Wasser, welches aus dem Wasserhahn kommt*
- *Die Wohlfühltemperatur in Deiner Wohnung oder Deinem Haus*

Etabliere diese Übung als neue, glückbringende Gewohnheit, um den Tag ausklingen zu lassen. Reflektiere, was Du alles empfangen hast. Schreib es gerne nieder und mache Dir bewusst, wie reich Du jetzt schon bist. Übe Dich tagtäglich darin, wahre Dankbarkeit zu empfinden.

Dadurch signalisierst Du dem Leben, wovon Du mehr empfangen möchtest. Du bringst damit eine besondere Form von Wertschätzung und Anerkennung zum Ausdruck, sodass das Leben gar nicht anders kann, als Dich noch reicher und großzügiger zu beschenken. Mache Dankbarkeit zu Deinem Grundgefühl und bedanke Dich immer zweimal mehr, als dass Du bittest. Bleibe im Vertrauen und sei Dir dessen gewiss, dass alles für und nicht gegen Dich arbeitet.

Empfangen ist stark mit Dankbarkeit verknüpft. Indem du das Maß Deiner Dankbarkeit erhöhst, steigerst Du automatisch den Prozess des Empfangens. Das Leben liebt es, Menschen zu beschenken, die sich ihrem Reichtum bewusst sind und öffnet ihnen die Türen, um mehr vom Leben zu erhalten.

11. Den Erfolg vorab festlegen

Wusstest Du, dass Erfolg vor wenigen hundert Jahren eine andere Bedeutung hatte als heute? Erfolg entspringt ursprünglich aus dem Wort „erfolgen“. Du setzt eine Ursache und daraufhin entsteht eine Wirkung. Das bedeutet: Es ist die Folge Deines Handelns, frei von der Bewertung, ob das Ergebnis den eigenen Vorstellungen entspricht oder nicht. Daher gibt es auch Misserfolg eigentlich nicht, weil das Resultat jeder Handlung nach dieser Deutung als Erfolg gilt.

Die Frage ist aber nicht, was andere Menschen darüber

denken, oder welche Definitionen vor vielen Jahren im Trend lagen. Entscheidend ist, wie Du die Dinge des Lebens für Dich verstehst und definierst.

Hast Du eine klare Vorstellung davon, was Erfolg für Dich bedeutet und was passieren muss, dass Du mit Deiner eigenen Leistung glücklich bist? Hast Du eine Idee davon, ohne Dich zu vergleichen und von den Bewertungen und Meinungen anderer Menschen abhängig zu machen? Es ist wichtig, den Erfolg vorher im Geist zu festigen, damit er sich im Außen zeigen kann.

Stelle Dir dafür die Situation, in der Du erfolgreich sein willst, genau vor, und fühle Dich so, als hättest Du Deinen Erfolg bereits erreicht. Genieße diese Vorstellung. Danach machst Du Dich auf den Weg der tatsächlichen Umsetzung und gibst dabei Dein Bestes. Solltest Du an irgendeiner Stelle die Kraft oder Motivation verlieren, gehst Du wieder in die Vorstellung und spürst, wie es sich anfühlt, das Ziel bereits erreicht zu haben.

Nun möchte ich Dir noch eine wertvolle Technik mit an die Hand geben, die Dir dabei hilft, mit Rückschlägen umzugehen.

Stell Dir mal folgende Situation vor:

Du wolltest eigentlich große Erfolge feiern. Doch Deine Pläne sind nicht aufgegangen, wie Du es Dir vorgestellt hast. Vielleicht ist eine Geschäftsbeziehung geplatzt oder Du hast in einer anderen Angelegenheit nicht Deine wahre Größe gezeigt.

Stell Dir bitte vor, wie Du samt Deines Misserfolges absolut energiegeladen auf eine Bühne gehst. Vor Dir sitzt eine riesige Menschenmenge, die nur darauf wartet, dass Du anfängst zu reden. Offenbare diesem Publikum voller Stolz und Begeisterung, dass Du Dein Ziel nicht erreicht hast. Du sagst voller Energie, was passiert ist, als würdest Du ein unvorstellbares Wunder verkünden.

Dabei kannst Du spüren, wie die Menschenmenge vor Freude tobt und absolut begeistert ist. Sie feiern Dich. Und dabei rufst Du voller Freude: „Jaaaa, ich habe versagt." Das Publikum jubelt immer lauter.

Wie fühlt sich das an? Grandios, oder?

Wenn Du Dir das so intensiv wie nur möglich vorstellst, wird Dir klar, dass es keine Misserfolge gibt, sondern lediglich Interpretationen und Standpunkte. Wir geben den Dingen die Bedeutung und nicht andersherum. Ein Misserfolg kann auch etwas sehr Gutes sein. Denn nur aus Fehltritten lernen wir, besser zu werden und können unsere Fähigkeiten folglich weiter aufbauen. Nimm es Dir nicht übel, wenn Du mal nicht das geschafft hast, was Du Dir vorgenommen hast. Es hat oft einen bestimmten Grund, warum es kommt, wie es kommt, obwohl Du Dein Bestes gegeben hast.

12. Die richtigen Bilder im Kopf

Kennst Du diese Momente, in denen Du ein schweres Gefühl in Dir trägst und negative Bilder in Deinem Kopf kreisen? Ich freue mich tatsächlich, wenn das passiert. Denn es ist eine fantastische Möglichkeit, in den eigenen Gedanken etwas aufzuräumen. Entscheide Dich in so einer Situation bewusst dafür, diese Bilder nicht mehr zuzulassen. Kreiere eine neue innere Erlebniswelt, die Dir ein gutes Gefühl schenkt. Es ist immens wichtig, dass Du dir Deiner eigenen Macht bewusst wirst. Dies beinhaltet, dass Du jederzeit die Kontrolle darüber hast, wie es Dir geht, wie Du Dich fühlst und welche Bilder sich in Deinem Kopf abspielen.

Immer wenn diese angsteinflößenden Empfindungen in Dein Bewusstsein gelangen, kannst Du sie mit besseren, belebenden und leichteren ersetzen. Erinnere Dich an die schönsten Erlebnisse, sobald etwas Negatives in Deinem Kopf herumschwirrt.

Um Dir diesen Prozess zu vereinfachen, habe ich folgende Empfehlung:

Lege Dir einen Karton zu. Vielleicht nimmst Du einen vom letzten Schuhkauf oder von Deiner letzten Bestellung im Versandhandel. Mache Dir bewusst, welche Bilder Du in Deinem Kopf haben willst. Finde im Internet, in Zeitschriften oder Deinem Fotoarchiv Referenzbilder und sammle sie alle in diesem Karton. Wichtig ist, dass sie Gefühle von Freude, Lebensglück und Liebe in Dir hervorrufen. Hole sie jedes Mal heraus, sobald Du spürst, dass Dich Deine Innenwelt mit negativen Eindrücken überrennt. Damit hilfst Du dem Unterbewusstsein, eine neue Gewohnheit aufzubauen.

Tatsächlich gibt es aber Situationen, in denen die Gedanken oder Bilder gar nicht mehr verschwinden wollen. Auch dafür habe ich eine wundervolle Lösung.

Nimm die einzelnen Bilder oder Szenen in Deinem Kopf und spiele mit ihnen. Verändere die Form, drehe sie, verzerre sie beliebig, wirf einen Schwarzweißfilter darauf oder stecke sie gedanklich in einen Briefumschlag und schicke sie weg. Lass Deiner Kreativität freien Raum. Du kannst auch mit ihnen sprechen. Mache ihnen klar, dass Du sie bereits kennst und wenn sie Dir nichts Neues oder Relevantes zu sagen haben, sie jetzt weiterziehen können – „Danke und Tschüss!"

Bei mehrfacher Wiederholung wirst Du feststellen, dass sich die Gefühle und Emotionen dadurch neutralisieren. Dein Gehirn bewertet die Bilder irgendwann als „nicht mehr Relevant" und sie tauchen nicht wieder auf.

Auch an dieser Stelle kannst Du erneut erkennen, dass Du die Macht darüber hast, Deine Absichten, Gedanken, Gefühle, Emotionen und Handlungen zu steuern. Es sind nicht die inneren Bilder, welche die Macht über Dich haben. Du hast die Macht über Deine inneren Bilder.

13. Liebe und Begeisterung kreieren

Wie Du bereits weißt, sind Liebe und Begeisterung die Schlüsselgefühle für ein glückliches Leben. Daher habe ich jetzt mal ein paar Fragen an Dich:

- Dient alles, was Du tust, fühlst und denkst der Liebe und Begeisterung?
- Kommunizierst Du stets mit liebevollen Worten?
- Sind Deine Taten mit einer hochfrequenten Absicht verbunden?
- Was kannst Du aktiv dafür tun, um Dich mit mehr Begeisterung auszudrücken?

Nun stellt sich hier die Frage: Wie findest Du den Zugang zu Liebe und Begeisterung aus Dir selbst heraus, ohne der Dualität zu verfallen? Kurz zur Erinnerung: Dualität bedeutet etwas zu tun, weil Du etwas anderes nicht erleben willst.

An sich ist es schon richtig zu sagen, dass Du einen Grund brauchst, um von etwas begeistert zu sein. Es ist immer gut, eine Hand voll Motivatoren in der Hinterhand zu haben, die Dich daran erinnern, wo Du eigentlich hinwillst. Doch wie kommst Du aus der Dualität heraus und in die vollkommene Liebe und Begeisterung hinein?

Nimm Dir ein Blatt Papier und einen Stift zur Hand. Schreibe fünf Dinge auf, bei denen Du eine Abneigung spürst. Vielleicht ist es ein Geschenk von einem Ex-Partner, ein altes Auto, das Haus, welches renoviert werden müsste, Personen, die Du ablehnst oder etwas anderes.

Mache Dir klar, was jeweils den Widerstand verursacht und schreibe es auf. Deine Aufgabe besteht nun darin, Dich so lange mit dieser Sache auseinanderzusetzen, bis Du Gefallen daran findest. Beschäftige Dich so intensiv mit dem Thema, bis Du es gar nicht mehr aus Deinem Leben streichen willst.

Stell Dir folgende Fragen:

- *Gibt es irgendeine schöne Seite an diesem Geschenk oder dem Auto?*
- *Was könnten andere an der Person mögen, die Du ablehnst?*
- *Wofür hat eine unangenehme Situation dennoch gedient?*

Wie fühlt es sich an, wenn Du das, was Du verneinst, auf einmal total gerne magst? Welche Frequenz sendest Du dann an das Universum?

Oft sind es Widersacher, die Dich davon abhalten, die absolute Liebe und Begeisterung zu leben. Sie sind jedoch nur ein Spiegelbild der Themen, die bisher nicht gelöst sind. Negative Überzeugungen und Bewertungen verursachen unbewusst ein Ungleichgewicht. Genau aus diesem Grund lohnt es sich noch mehr, hinzusehen und diese Unstimmigkeiten in Liebe und Begeisterung zu verwandeln.

Dazu ein Beispiel:

Ich sprach mit Manuel genau über dieses Thema. Daraufhin erzählte er mir, dass er immer gerne teure Autos gefahren ist. Doch irgendwann spürte er, dass er nach wenigen Monaten stets ein neues brauchte, weil sich das anfängliche Glücksgefühl immer schneller neutralisierte. Dann machte er ein Experiment. Er verkaufte seinen Luxusschlitten und schaffte sich einen Kleinwagen an. Dieser war 15 Jahre alt, mit 235.000 gefahrenen Kilometern auf dem Tacho und hatte deutliche Gebrauchsspuren. Manuel machte es sich zur Aufgabe, dieses Fahrzeug solange zu fahren, bis er es heiß und innig lieben würde. Er freute sich tierisch auf jenes Abenteuer. Dabei war ihm zu Beginn nicht klar, was daraus entstehen würde. Als gestandener Geschäftsmann spürte er in den ersten Tagen, dass es ihm peinlich war, mit diesem Fahrzeug seine Kunden zu besuchen. Nachbarn fragten ihn, ob er Geldprobleme hat. Seine Kinder wollten nicht mehr mit ihm mitfahren. Er war kurz davor, das Experiment abzubrechen. Doch dann erinnerte er sich wieder an seine dahinterstehende Idee. Das Auto war nur ein Spiegel der Themen, die er bisher nicht bearbeitet hatte. Als ihm das wieder klar wurde, wendete sich alles. Er setzte sich regelmäßig in sein antikes Fahrzeug und transformierte seine Gefühlswelt. Er schaute sich jedes Detail genau an. Das Armaturenbrett, das Radio, die Sitze, die Anschnallgurte und begann sich für alles zu begeistern. Er verliebte sich von Tag zu Tag mehr in sein Gefährt und stellte fest, dass sich ebenso sämtliche anderen Themen veränderten. Die Nachbarn fanden es auf einmal toll, dass jemand mit einem guten Einkommen, nicht so viel Wert auf teure Autos legte. Seine Kunden empfanden es als charmant. Die Kinder freuten sich auch, wieder mitzufahren. Und selbst fünf Jahre später hat sich daran nichts verändert. Mit jedem weiteren Kilometer auf dem Tacho stieg die Liebe zu diesem Fahrzeug. Er fährt es bis heute und seine Begeisterung ist so ansteckend, dass sogar Menschen aus seinem Umfeld ihre teuren Autos verkaufen und ebenfalls auf ältere Kleinfahrzeuge umsteigen.

Wie Du an diesem Beispiel erkennen kannst, liegt es an einem selbst, ob man etwas liebt oder Begeisterung entwickelt. Es ist immer Deine Entscheidung.

Auf welches Experiment möchtest Du Dich nun einlassen? Mache Dir mal Gedanken dazu.

14. Das Leben neu bewerten

Du weißt mittlerweile, dass Deine innere Haltung darüber entscheidet, wie Du denkst, fühlst und handelst. Wenn Du Dir andere Ergebnisse wünschst, brauchst Du eine andere Grundeinstellung.

Die meisten Menschen sind so erzogen, dass sie sehr schnell Situationen einschätzen und bewerten. Doch liegen sie damit immer richtig? Definitiv nicht. Denn oftmals blockieren sie sich selbst.

Stell Dir mal zwei Menschen vor, die auf einem riesigen Berg stehen und ins Tal schauen. Wir nennen sie Anna und Gabi. Anna hat Höhenangst und fühlt sich absolut unwohl. Ihr wird schwindelig. Sie würde am liebsten umkehren, weil sie es für zu gefährlich hält hinunterzuschauen. Gabi hingegen liebt die Aussicht, die Höhe und fühlt sich dabei vollkommen frei. Was unterscheidet die beiden voneinander? Wer hat recht? Ist es eine Gefahr oder die pure Freiheit?

Es ist weder das eine noch das andere. Denn es kommt auf die jeweilige innere Haltung an. Sicherlich kann man Annas Angst mit allem Möglichen begründen. Genauso Gabis Freude. Es hängt immer damit zusammen, wie sie die Situation bewerten.

„Bewertest Du anders, lebst Du anders."

Erinnere Dich doch mal an einen Streit mit einer Person aus Deiner Vergangenheit. Auch dort hast Du Bewertungen vorgenommen. Was wäre jedoch passiert, wenn diese ganz anders ausgefallen wären?

Nun gebe ich Dir eine Übung an die Hand, mit der Du vereinfacht und schnell Bewertungs-Blockaden löst und zusätzlich Deine Erwartungshaltung herunterschraubst.

Erinnere Dich bitte an eine Szene aus Deiner Vergangenheit, in der Du jemanden verurteilt hast und sich die Wege zwischen der Person und Dir getrennt haben. Stell Dir das so intensiv wie möglich vor.

Und nun beantwortest Du Dir folgende Fragen:

- *Wie hätte ich die Situation anders bewerten können? Durchdenke bitte jede Möglichkeit.*

- *Welche dieser Bewertungsmöglichkeit hätte geholfen, um den Kontaktabbruch zu verhindern?*
- *Wie hätte ich mich mit dieser anderen Bewertung verhalten?*
- *Was wäre dadurch eventuell anders gelaufen?*

Stell Dir jetzt die vergangene Situation nochmal vor Deinem geistigen Auge vor. Jedoch mit der neuen Bewertung, dem anderen Verhalten und einem besseren Ergebnis. Spüre hinein, wie es sich für Dich anfühlt. Was lernst Du daraus?

Das, was Du in dieser Übung umgesetzt hast, kannst Du ab sofort auch im Alltag und bei sämtlichen anderen Themen anwenden.

Wie bewertest Du beispielsweise …

- Deine Familie?
- Deinen Beruf?
- Deine Gesundheit?
- Deine Finanzen?
- Deine Vergangenheit?
- Dein gesamtes Leben?

Bewerte alles einmal neu, sodass es sich für Dich harmonisch und besser anfühlt. Erarbeite Dir so Deine neue Haltung mit Leichtigkeit und einer spielerischen Begeisterung. Beobachte, wie sich die Umstände, Deine Beziehungen und Deine Finanzen verbessern.

15. Lebenslanges Wachstum sicherstellen

Jetzt gebe ich Dir den wertvollsten Tipp von allen mit. Betrachte diese Schatzkiste der Methoden nicht als feste Regeln, die in jedem Fall eingehalten werden müssen. Gehe spielerisch an Deine Entwicklung heran und spüre, welche Übungen sich gut anfühlen. Das Wichtigste an der ganzen Sache ist es, dass Du Spaß und Freude empfindest, wenn Du darüber nachdenkst, einen weiteren Impuls aus diesem Buch für Dich umzusetzen.

Betrachte meine Schatzkiste als einen Leitfaden, von dem Du Dich gerne inspirieren lässt, um Deine Lebensqualität konstant zu steigern. Durch die regelmäßige Auseinandersetzung und Anwendung dieser Tipps schaffst Du ein lebenslanges Wachstum, da Du ständig im Austausch mit Dir selbst bist. Du wirst Deine Sinne deutlich intensiver wahrnehmen und genau darum geht es mir. Spüre Dich mehr und baue eine feste Verbindung zu Dir auf.

Mit Leichtigkeit, Hingabe, Freude und Liebe wirst Du den Reichtum aufbauen, den Du Dir wünschst.

Wie ich in wenigen Minuten mein gesamtes Vermögen wiederbekam

Zunächst möchte ich Dir gratulieren. Du hast eine fantastische Reise hinter Dir. Doch noch wundervoller wird die Zukunft sein.

Du hast viele wertvolle Impulse, Tipps und Kniffe erhalten. Ich sage mir bei jedem Buch, welches ich selbst lese:

„Wenn es nur eine Sache gibt, die mich nachhaltig inspiriert, dann lohnt es sich für mich."

Ich bin mir sicher, dass Du hier weitaus mehr mitnehmen konntest. Und das ist wundervoll. Du hast dieses Buch gewählt und ich habe es für Dich geschrieben.

Wir sind aber weiterhin nicht am Ende. Vielleicht erinnerst Du Dich noch an die Einstiegsgeschichte. Ich setzte mich morgens in mein Auto, fuhr zu meiner Firma und stellte fest, dass das Gebäude verschwunden war. Anschließend verschwand auch mein Auto und ich durfte nicht mehr in meine Wohnung. Mit 11,17 Euro und einem Rollkoffer stand ich am Straßenrand und begann ein neues Leben. Sicherlich hast Du Dir die Frage gestellt, ob das wirklich passierte oder ob ich mir das ausgedacht habe. Ich gebe zu, es klingt wie ein Science-Fiction-Film. Möglicherweise hast Du Dich auch gefragt, ob ich mich wirklich so gelassen verhalten habe, wie beschrieben. Schließlich suchte ich mir völlig unbekümmert einen Job, lebte von den Einnahmen im Hotel und genoss dieses andere und neue Gefühl von Freiheit. Und dass, obwohl ich vorher ebenso glücklich und frei war.

Jetzt ist es an der Zeit, alles aufzuklären. Tatsächlich handelte es sich bei diesem Erlebnis um einen Traum. Dieser war so intensiv, dass es sich für mich absolut real anfühlte. Das war gleichzeitig der Beweis dafür, dass ich in der Realität genauso handeln würde.

Ist es nicht immer wieder so in unserem Leben, dass von einem Moment auf den nächsten nichts mehr so ist, wie es eben noch war? Und ich weiß genau, dass Du das auch schon in irgendeiner Form erlebt hast. Sollte ich jemals alles verlieren, würde ich genauso gelassen vorgehen. Denn das ist mein Geheimnis von „Gelassenheit macht reich“. Wenn alles weg wäre, würde ich nichts verlieren, sondern an Reichtum dazugewinnen. Ich bekäme neue Chancen und Möglichkeiten. Und das auch in finanzieller Hinsicht.

Mir hat es eine riesige Freude bereitet, Dich an diesem Traum teilhaben zu lassen. Denn er spiegelt die Wahrheit wider, die ich seit Jahren lebe.

Doch jetzt wieder zu Dir!

Du hast in diesem Buch erfahren, dass Reichtum vollkommen anders entsteht, als Du es bisher gedacht hast. Du hast die Luft der bedingungslosen Gelassenheit geschnuppert und gelernt, wie sie Dich in jeder Situation Deines Lebens reich machen wird. Unabhängig davon, welche Herausforderungen aktuell auf der Agenda des Lebens stehen. Du weißt jetzt, wie (wirklich) reiche Menschen denken, fühlen und handeln. Außerdem hast Du im zweiten Teil des Buches mein 10-Schritte-System erhalten, mit dem es Dir gelingen wird, die geheimen Gesetzmäßigkeiten umzusetzen, die ich seit vielen Jahren lebe.

Zudem habe ich Dir meine goldene Schatzkiste für maximale Gelassenheit und Wohlstand geschenkt. Es war eine Reise durch viele wundervolle Übungen und Methoden, welche Dir in Zukunft helfen können, Dein Leben in die Richtung zu drehen, die Dich glücklicher und wohlhabender machen wird.

Ich bin dankbar für jeden Moment, den Du durch dieses Buch erleben wirst.

Und jetzt noch eine Frage zum Nachsinnen:

Was, wenn Gelassenheit nur ein anderes Wort für Liebe ist?

Heike Wolfangel

P.S. Fortsetzung folgt …

Danksagung

Ich trage ein permanentes DANKE in mir und jetzt, in genau diesem Moment, gehört es Dir! Dir, die Du gerade dieses Buch in der Hand hältst und möglicherweise auch schon in Deinem Herzen. Danke dafür. Das Buch ist meinem Herz entsprungen und sollte Deines berühren und bezaubern. Alleine, dass Du nun diese Zeilen liest, macht mich glücklich und ich stelle mir vor, dass uns ein magisches Band der Gelassenheit und Liebe verbindet. Dafür danke ich Dir.

Alles im Leben hat seine Geschichte und bahnt sich auf verschlungene, magische und geradezu wundersame Weise seinen Weg in die Realität. Sämtliche Einzelteile zu einem vollständigen Ding liegen an vielen verschiedenen Orten. Es sind Ideen, Wissen, Talente, Können, Tun, Wille und Inspirationen, die sich finden und dann zu etwas Neuem formieren. So geschah es auch mit diesem Buch. Was für ein Prozess – so cool! Mein weiteres DANKE gilt dem feinfühligsten Bestseller Creator der Welt, Robert Dominic Hülsmeyer, und seinem großartigen Team. Robert hat die Gabe, auf sehr feinfühlige und gleichzeitig intensive Art, alles in mir zu finden, was in diesem Buch zu finden sein sollte. Nie und nimmer wäre es mir ohne ihn gelungen all das im passenden Moment zu finden, in den stimmigen Kontext zu bringen und in die geeigneten Worte zu fassen. Die Zusammenarbeit mit ihm war wie, wenn aus einem Rohdiamanten ein geschliffener Brillant wird – mit gutem Auge, offenem Herz und viel Freude haben wir so den Diamanten in all seinen Facetten zum Funkeln gebracht. In dieser vertrauensvollen Harmonie blieb nichts verborgen und mein Werk konnte entstehen. Ich danke Dir von ganzem Herzen, lieber Robert.

Von Herzen danke ich Dir, lieber David, denn Du ermutigst mich zu den verrücktesten Ideen. Du glaubst an mich und lachst mit mir, diskutierst und hirnst mit mir und bist mir seit Deiner Geburt eine Inspiration. Seit damals weiß ich, dass ich mein Kind nicht bekommen habe, um ihm etwas beizubringen. Ich wurde Deine Mama, um von Dir zu lernen. Still sein, beobachten und lernen – ich danke Dir mit jeder Faser meines Herzens, mein Schatz!

Meine Mutter zeigt mir mit Ihrer Liebe, wie ich eine noch bessere Mama werden kann. Mein Mann zeigt mir mit seiner Liebe, wie tief und kraftvoll eine Beziehung sein kann. Meine Schwester zeigt mir mit ihrer Liebe, dass wir voller Power sind. Meine Herzensfreundin zeigt mir mit ihrer Liebe, dass wir alle tief verbunden sind. Danke Mama, Thomas, Ute und Danny – euch gehört meine Liebe auf ganz besondere Weise.

Papa, von wo auch immer Du wirkst. Danke, ich spüre Dich. Du bist so nah, dass ich dafür nicht mehr Worte habe und es auch kein einziges, weiteres braucht. Liebe pur, über alles hinaus.

Viele Facetten dieses Buches entspringen meiner Zeit und den Gesprächen mit meinen Freundinnen und Freunden, Mitarbeiterinnen und Mitarbeitern, Kundinnen und Kunden. Erst der offene, vielschichtige und überaus inspirierende Austausch mit diesen wundervollen Menschen, die ich allesamt in mein Herzen trage, gibt mir immer wieder die Gelegenheit neu zu denken, weiter zu denken, meinen Tellerrand zu überspringen und zu staunen. Jedes Leben bringt eine Vielzahl von Herausforderungen mit sich und ich kann nur erahnen, was es von jedem Einzelnen immer wieder fordert. Danke, dass ich ein Teil eures Weges begleite und ihr meinen Weg so reich macht.

Gelassenheit mach nicht nur reich. Gelassenheit macht auch Liebe.

Danke

Ergänzende Literatur

Wie wir denken, so leben wir: As A Man Thinketh - 27. März 2019 Herausgeber: Günter W. Kienitz Autor: James Allen

Goethe für Manager: Wie Sie einfach genial Arbeit und Leben meistern - 22. September 2009 - Stefan Küthe und Monika Schuch – Linde Verlag

Traumreisende: 1. Dezember 2000 - Marlo Morgan - Goldmann Verlag

Haftungsausschluss

Die Autorin übernimmt keinerlei Gewähr für die Aktualität, Korrektheit, Vollständigkeit oder Qualität der bereitgestellten Informationen und weiteren Informationen. Haftungsansprüche gegen die Autorin, welche sich auf Schäden materieller oder ideeller Art beziehen, die durch die Nutzung oder Nichtnutzung der dargebotenen Informationen bzw. durch die Nutzung fehlerhafter und unvollständiger Informationen verursacht wurden, sind grundsätzlich ausgeschlossen, sofern seitens der Autorin kein nachweislich vorsätzliches oder grob fahrlässiges Verschulden vorliegt. Der Inhalt des Buches passt möglicherweise nicht zu jedem Leser und die Umsetzung erfolgt ausdrücklich auf eigenes Risiko. Es gibt keine Garantie dafür, dass alles genau so, bei jedem Leser, zu genau den gleichen Ergebnissen führt. Die Autorin kann für etwaige Schäden jedweder Art aus keinem Rechtsgrund eine Haftung übernehmen. Die Autorin hat bei der Erstellung dieses Buches sämtliche Informationen und Ratschläge mit Sorgfalt recherchiert und geprüft. Dennoch erfolgen alle Angaben ohne Gewähr. Verlag und Autorin übernehmen keine Haftung für Schäden oder Nachteile, die sich aus der Umsetzung der in diesem Buch dargestellten Inhalte ergeben. Der Leser erkennt dies an. Sollten Sie unter Erkrankungen leiden oder sich unsicher sein, ob die Informationen und Techniken aus diesem Buch auch für Sie geeignet sind, dann suchen Sie vorab bitte unbedingt einen erfahrenen Arzt oder Heilpraktiker auf.

Urheberrecht

Impressum

Wolfangel Academy
Heike Wolfangel
Ulmenstr. 5
71229 Leonberg
www.wolfangel-academy.de

Kontakt für Fragen zum Buch, Inhalt oder Download des Workbook sowie des Audioprogramms:
heike@wolfangel-academy.de

1. Auflage 2022

ISBN Nr. Taschenbuch: 978-3-9824570-0-0
ISBN Nr. Gebundene Ausgabe: 978-3-9824570-1-7

Konzept, Buchsatz und Covergestaltung:
Bestseller Creator – Robert Dominic Hülsmeyer
www.bestseller-creator.de

Fotos:
Envato Elements - www.elements.envato.com
Fotofabrik Stuttgart - www.fotofabrik-stuttgart.de

Printed in France by Amazon
Brétigny-sur-Orge, FR

11938911R00099